함께하기를, 궁금증을 참을 수 없는 아이들을 위한

프로젝트
수업의
즐거움

함께하기를, 궁금증을 참을 수 없는 아이들을 위한

프로젝트 수업의 즐거움

초판 1쇄 인쇄 2020년 12월 14일
초판 1쇄 발행 2020년 12월 21일

지은이 김석주
펴낸이 하인숙

기획총괄 김현종
책임편집 최창숙
디자인   정희정

펴낸곳 ㈜더블북코리아
출판등록 2009년 4월 13일 제2009-000020호
주소 서울시 양천구 목동서로 77 현대월드타워 1713호
전화 02-2061-0765 **팩스** 02-2061-0766
포스트 post.naver.com/doublebook
페이스북 www.facebook.com/doublebook1
이메일 doublebook@naver.com

ⓒ 김석주, 2020
ISBN ISBN 979-11-91194-01-2 (03370)

함께하기를, 궁금증을 참을 수 없는 아이들을 위한

프로젝트
수업의
즐거움

김석주 지음

더북

불확실성이 커지고, AI가 단순 업무를 대체할 미래 사회의 주인이 되는 아이들은 어떠한 역량을 길러야 할까? 언제, 어디서나 문제를 만나고, 서로 배움의 장을 펼치는 프로젝트 수업은 미래교육을 지향하는 분들에게 중요한 수단이다. 다양한 프로젝트 수업 사례를 전문교육가의 눈으로 해석한 실증적이고 실용적인 가이드북. 교육이 일어나는 현장에서 프로젝트 수업을 진행하고자 하는 분들에게 PBL에 대한 기획과 실행의 아이디어를 제공해 줄 것이다.

김송숙 인사이트아웃 대표, 알아서척척PBL 공동기획참여자

아이들과 미래를 위한 교육은 어떤 것인가를 고민하며 상상한 모든 것을 도전해 볼 수 있다는 것만으로 힘이 솟던 시절, 김석주 선생님과의 역사 기행은 가장 밀도 있고 에너지 넘치는 프로젝트로 기억된다. 그때 심었던 씨앗을 이렇게 알찬 열매로 돌려주시다니 얼마나 감사하고 기쁜 일인지…. 아이들에 대한 사랑과 한계를 두지 않는 수용력, 무소불위의 실천력을 겸비한 김석주 선생님의 책은, 많은 교육현장 교사들이 꿈꾸는 '그' 교육을 하려면 무엇을 어디서부터 어떻게 해야 할지 안내해 주는 그림자교사가 되어 줄 것이다.

노지연 前전인새싹학교 교장, 지구시민네트워크 사단법인 이사장

개교 이후 15년간 프로젝트 수업을 진행해 온 전인고등학교. 졸업생들은 가장 기억에 남는 수업으로 역시 프로젝트 수업을 꼽는다. 대학을 들어가서도 자기 주도적이면서 사회적 관계 능력 및 리더십을 발휘하는 데도 도움이 되었다고 이야기한다.
이 책은 다년간 프로젝트 수업을 진행해 온 선생님의 경험을 바탕으로 쓴 책이다. 미래 비전에 도전하는 교사 및 학부모에게 좋은 안내자가 될 것이라 믿는다.

한승권 춘천 전인고등학교 교장

이 책은 교육현장에서 인간됨의 교육을 구현해 보고자 애쓴 한 교사의 고백서이다. 미래 인재의 핵심 역량 강화를 위해서는 프로젝트 수업이 가장 효과적인 교육방법이라는 사실은 이미 검증되었다. 그럼에도 그동안 누구도 쉽게 시도하지 못했던 수업들을, 주제와 영역의 제한 없이 여러 상황 속에 던져보며 일구어 온 과정들을 고스란히 담아냈다. 아이들에게 fun과 active만을 제공하려는 게 아니라, 깊이 있는 성장과 내면의 힘을 키우고자 고뇌 중인 분들이라면 꼭 일독을 권한다.

노선미 미래영양연구소 대표, 전인교육PBL 공동기획자

학생들의 지적 호기심과 스스로의 관심사를 바탕으로 시작한 프로젝트는, 학생들에게 깨우쳐 나가는 즐거움을 줌과 동시에 인생을 살아가면서 꼭 필요한 thinking, communication, social, self-management skill을 체득하게 한다. 저자는 평소 student-centered, lead by example, compassion의 가치를 몸소 보여주었고, 저자의 학생들도 이러한 교육철학 속에서 자지러지게 날개를 펼치고 있을 것을 생각하니 참 부러워진다. 저자의 이 책은 교사들을 위한 안내서이기 이전에 여러 교과와 학원 속에서 지쳐 가는 아이들의 간절함일 것이다. 막연하다면 저자처럼 하나씩 실천해 보자. 아이들은 즐거움과 끈기로 그 시작을 기다리고 있다.

이주옥 Chadwick International School, MYP/DP Uppershool teacher

'교육'이란 단어는 인간 그 어느 누구에게서도 뗄 수 없는 단어이다. 영재교육, 독서교육, 정보교육, 인문교육, 평생교육, 그리고 이제는 인공지능 교육까지, 삶의 어느 한 곳에서도 '교육'이란 단어는 뗄 수 없는 것이 되어 있는 현실이다.

사람들은 '교육' 앞에서는 군중심리가 작용하는 것일까? 남들이 하는 교육이라면, 우르르 달려가 일단 해보고자 하는 사람들의 심리는 우리 모두를 같은 색깔로 만들어 가고 있다.

내가 처음 대안교육에 관심을 갖게 된 계기는 대학생 때 도서관에서 우연히 발견한 『꿈꾸는 간디학교 아이들』이라는 책을 읽으면서였다. 그때 느꼈던 큰 충격은 지금도 잊을 수 없고, 그 내용은 내가 하고 싶은 교육의 나침반을 제시해 주기에 충분했다.

남들과 다른 교육이나 보여주기식의 화려한 교육을 하고 싶었던 것은 아니다. 나는 그저 학생들이 행복해하고 즐거워하는 교육, 조금 더 자유롭고 자신의 생각을 당당하게 펼쳐낼 수 있는 교육을 하고 싶었을 뿐이다.

되돌아보면 지금 나의 모습이 젊은 교사 시절 꿈꿔 왔던 교육을 잘

실천하고 있는지는 자신할 수 없지만, 함께하는 교육을 통해 좀 더 아이들과 가까워지고, 아이들에게 행복을 전해 주고 싶은 마음은 여전히 충만하다고 생각한다. 그래서 하루하루 아이들을 위해 노력하며 최선을 다하고 있다. 교사가 행복해야 학생들도 행복하다. 학생이 웃어야 교사도 웃을 수 있다.

나는 교사이기 전에 엄마의 모습으로, 엄마이기 전에 교사로서 아이들을 위한 다양한 수업을 적용해 보았으며, 10여 년이 흐른 후에도 프로젝트 수업에 대한 효과를 맛봤다고나 할까?

프로젝트 수업 속에서의 즐거움, 행복감을 몸소 실천하고 체험하였기에 이 책을 쓰고 있는 것이다.

대한민국의 교육 현실에서 자라나는 고운 화초들 속에서 나의 교육관은 잡초처럼 거칠고 보잘것없이 보일지 모르겠지만, 잡초만의 매력이 있고 그 역할이 있듯이, 나는 나만의 교육관으로 흔들림 없이 제 역할을 해내고 싶다.

|5장| 프로젝트 수업 선 잇기

|6장| 프로젝트 수업 다가가기

1장

색깔이 다른
프로젝트 수업

1. 대안학교와 공교육의 다름

첫발, 첫 느낌

어떻게 내가 대안교육을 시작하게 되었는지를 엿보기 위해서는 나의 교육 경력을 살짝 들여다보는 게 좋을 것 같아, 부끄럽지만 이야기를 풀어 볼까 한다. 나의 교육 경력은 남들의 경력에 비해 초라하지만, 특이하기도 하다. 호봉과 경력과 선후배 관계가 중요한 공교육 교사들 사이에서 나는 선후배도 없고, 경력도 짧고, 호봉도 나이에 비해 적다. 하지만 여느 교사들보다 다양한 경험을 쌓았고, 학교 현장의 밑바닥에서부터 교육 경험을 쌓아 왔다고 자부할 수 있다.

처음엔 체육전담교사 자격으로 경북 영덕에 있는 시골학교에 중초등 교사로 발령을 받았다. 자동차로 운전을 하며, 가도 가도 끝이 없어 얼마나 더 가야 하나 한숨이 나올 즈음, 갑자기 눈앞에 동해바다의 장관이 펼쳐지며 짠 내음이 물씬 풍겨오던 그곳에서 첫 교사를 경험하게 된다.

체육관도 없는 작은 학교였는데, 나는 분교의 운동장 한켠에 있는 작은 사택에서 혼자 살게 되었다. 처음 경험하는 경상도에서의 생활이 어색했고 아는 사람도 없었다. 하루하루가 무료하고 지루할 수도 있었지만, 학교의 학생들이 나의 친구가 되어 주었다.

학교가 끝나면 아이들은 우리 집에 모여 라면을 끓여 먹고, 술래잡기를 하며 놀았다. 아이들과 함께 항구 등대 밑에서 미역도 따 먹고, 줄낚시도 하고, 매일 깔깔거리며 행복해했다.

주말이면 남학생들과 자전거 트레킹을 떠났고, 여학생들과는 목욕탕에 함께 가서 서로 때도 밀어 주었다. 컴퓨터실에서 아이들과 컴퓨터 게임을 하며 방과 후 시간을 보내기도 하고, 동네 작은 도서관에서 함께 책을 읽고 숙제도 했다.

친구 한 명 없는 바닷가의 작은 시골학교에서 학생들은 나의 친구가 되었고, 가족이 되어 주었다. 아이들은 낯선 시골생활에서 나를 지켜 주었고, 함께해 주며 안내해 주었다.

그렇게 아이들과 함께 영화 같은 시간을 보내면서, 나는 더 오래 아이들과 함께하고 싶어졌다. 그런데 체육만 가르치다 보니 초등학교의 꽃인 담임을 할 수가 없었다. 난 아이들과 아기자기한 교실 안에서 함께 꿈을 꾸며, 나의 교육관과 가치를 공유하면서 그들을 성장시키고 아름답게 가꿔 주는 정원사 같은 존재로 아이들과 함께하고 싶어졌다.

그때부터 교대 편입을 준비하였고, 꿈에 그리던 교대에 합격하면서 나는 초등학교 담임교사라는 꿈에 조금 더 가깝게 다가설 수 있었다.

. . .

　그 시절 내가 생각한 교사의 자격은 '전문성'보다는 '사랑'이라는 생각이 지배적이었다. '사랑' 없이는 어떠한 교육 스킬도 무의미하다고 생각되었다. 물론 지금은 '전문성'이 없는 교사는 자기만의 글이 없는 책이란 생각이 든다. 자신의 색깔이 전혀 없는 글을 쓰며 책을 찍기에만 바쁜 교사인 것이다.

　책을 한 권 만들기 위해서는 무엇을 담아야 할지 깊이 고민하고 또 고민해야 한다. 책 속에 자신의 가치관이 잘 드러나야 하며, 누가 보더라도 타당성이 있는 글이어야 한다. 작가들에게 자신의 책은 자식과도 같은 존재이다. 숱한 밤을 잠 못 이루고 애태우며 온 정성을 다해 글을 완성했을 때, 그제야 한 권의 책이 만들어지는 것이다.

　학생들도 마찬가지다. 학생들을 만나는 그 순간부터 교사는 학생들을 위해 어떤 글을 써내려가야 할지 고민하고 생각해야 하며, 방향을 설정하고 자신만의 교육관이 드러나도록 주제를 정해야 한다. 그렇게 최선을 다하고 노력하여도 모든 작가가 꿈꾸는 베스트셀러를 만들어내기란 그리 호락호락하지 않다.

　물론 우리 아이들을 베스트셀러로 만들 필요는 없다. 베스트셀러가 되지 않아도 그 작가만의 책을 좋아해 주고, 공감해 주며 찾아주는 독자들은 얼마든지 있기 때문이다.

　베스트셀러라고 해서 꼭 좋은 책은 아니다. 물론 훌륭한 책도 많겠지만, 상업성이 묻어나는 책, 과대광고로 만들어진 책들도 많다. 우리의 소중한 아이들을 과대포장 하여 내다 팔기 위한 책으로 만들 수는 없지 않은가?

팔리지 않는 책이어도 가치 있는 책, 본연의 의미를 지니므로 가치 있을 수 있는 책이 더 귀한 의미가 있지 않을까 생각해 본다.

• • •

어쨌든 그 시절 나는 '사랑'과 '전문성' 사이에서 고민하였고, 졸업을 하게 되었다.

프롤로그에서 말했듯이 나는 도서관에서 『꿈꾸는 간디학교 아이들』이라는 책을 읽으며 '학교'라는 공간에 대한 꿈을 꾸기 시작했다. 학교는 마치 내가 멋진 글을 쓸 수 있도록 펼쳐져 있는 드넓은 벌판 같은 느낌이 들었다. 그곳에서 나는 야생마처럼 마음껏 달리며 씩씩하게 꿈을 펼쳐나가기만 하면 될 것 같았다.

그렇게 나는 '학교'라는 울타리 안으로 들어오게 되었다.

다른 학교? 틀린 학교?

졸업 후 내가 첫발을 딛게 된 학교는 양평에 있는 그림처럼 예쁜 학교였다. 아이들이 직접 그려 놓은 벽화와 작은 들꽃들이 나의 마음을 편안하게 해 주었고, 내게 교육관을 물어봐 주고, 어떤 교사가 되기를 원하는지 질문해 주는 교장선생님과 교감선생님이 계셨던 곳이었다. 교문 밖 멀리까지 나를 배웅해 주었고, 학교에 오는 손님을 정성스레 맞이해 주던, 내가 꿈꿔 왔던 '학교'에 계셨던 선생님들은 너무나 인상

적이었다.

환한 미소로 나를 반겨 주었고, 어색해하거나 낯가림을 하지도 않았다. 내 경력에 대해서 묻지도 않았고, 온전히 교사로서의 나의 모습을 지켜봐 주셨다. 그렇게 나는 전인학교와 한식구가 되었다. 그리고 서울에 도시형 대안학교로 분교가 생기면서, 서울이 집인 나는 자연스레 서울 발산동에 자리 잡은 서울전인새싹학교로 첫 출근을 하게 되었다.

헉~ 그런데… 첫 출근한 그 학교는 내가 생각했던 학교가 아니었다. 아기자기하게 예쁜 학교는 온데간데없고, 일반 빌딩 안의 출판사로 쓰던 공간이 덩그러니 놓여 있었다. 이제부터 우리가 학교를 만들어야 한다는 것이다.

교사는 5명…. 출판사가 이사 간 자리의 청소부터 모든 것이 교사의 몫이었다. 몇 날 며칠을 공간 청소로 진을 빼고 나니, 이제 벽에 페인트칠을 해야 했다. 이렇게 어느 정도 공간의 구색을 맞춘 후 교사들의 책상과 책꽂이들은 중고로 구입해 들여놓고, 학생들의 책상은 새 것으로 예쁘게 단장하였다. 구석구석의 작은 먼지 청소부터 교실 꾸미는 일까지 어느 곳 하나 교사들의 손이 닿지 않은 곳이 없었다.

그렇게 준비를 마친 후 학생들이 모집되었고, 나는 그렇게 하고 싶었던 담임을 맡게 되었다. 그리고 더불어서 학교 통학차량까지 운행하게 되었다. 매일 새벽부터 서울 지역을 돌며 학생들을 태우고 등교하였고, 오후면 아이들을 하교시키고 다시 학교에 와서 새벽까지 회의를 하는 강행군이 계속되었다. 하지만, 내가 꿈꾸던 학교생활이었

교실 공간을 꾸미기 위한 1학년 회의 모습

기에 고되어도 행복한 나날들이었던 것으로 기억한다.

그렇게 학생들이 학교에 오면서, 학교는 아이들만을 위한, 아이들을 위한 공간으로 채워져 나갔다. 모든 결정은 학생이 주도하여 이루어졌고, 교사들은 학생들의 의견을 존중하며 그들이 결정할 때까지 기다려 주었다.

일반학교에서의 1학년 학기 초 적응활동에는 '우리 학교의 교실과 기타 공간'에 대해 알아보는 수업이 있다. 이때 교사는 학생들을 한 줄로 세워 살금살금 학교를 돌아다니며 공간을 알려 주고, 주의할 점을 설명하거나 위치를 알려 주며, 교실에 있는 물건들을 설명해 주는 정도로 그치게 된다. 하지만 내가 근무했던 대안학교에서는, 시간이 많이 걸렸지만 다르게 진행되었다.

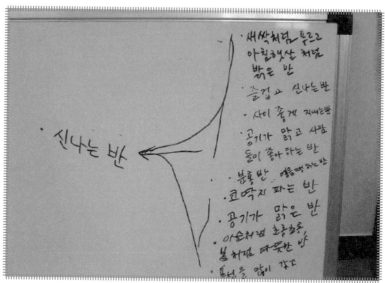

반 이름 정하기 회의 중

    1, 2학년 반에서는 반 이름 짓기를 하였는데, '코딱지 파는 반', '얼음땡' 등 재미있는 이름부터 '새싹처럼 푸르고 아침햇살처럼 맑은 반', '공기가 맑고 사람들이 좋아하는 반', '이슬처럼 초롱초롱 봄처럼 따뜻한 반' 등 다소 길지만 감수성이 풍부한 이름들도 의견에 나왔다. 아이들이 마음을 담아 긴 회의 끝에 의미를 부여하고 본인들이 생활해야 할 작은 공간에 대한 애착을 담은 이름 짓기부터 시작하여, 아이들은 일반학교에서 당연시 부여되어 있던 1반, 2반이 아닌 우리만의 학급을 만들어가기 시작하였다.

    아이들은 일반학교에서 사용하는 다른 공간에 대한 이름도 회의로 정하였다.

    아이들은 다목적실로 사용하던 큰 공간을 '놀이도서관'이라 지었

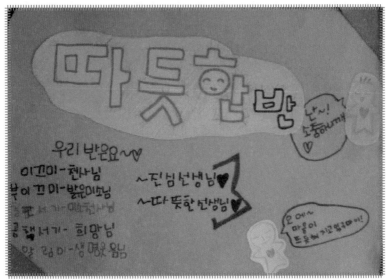

학생들이 꾸민 학급 명패

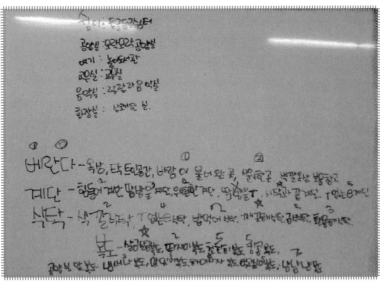

공간 이름 정하기

고, 음악실은 '꾀꼬리실'로, 화장실은 '뿌지직뿌지직 시원한실', '급해 급해실', '깔끔이실' 등 제일 많은 의견을 내었다. 또한 계단은 '힘들어 계단', '땀방울 계단' 등 기발한 아이디어를 담고, 복도는 '살금살금복도', '뛰지마 복도' 등 이름을 통해 자연스럽게 규칙도 정하는 모습을 볼 수 있었다. 반면에 선생님들이 사용하는 교무실에 대해서는 제일 재미없게 '선생님실'이라는 의견을 내었다. 이를 보면, 학생들이 자신들이 사용하는 공간에 대해 얼마나 마음을 다하고 싶어 하는지를 엿볼 수 있다. 수업도 마찬가지이다. 학생들은 수업 내용이 자신의 삶과 연관되어 있으면 훨씬 몰입하여 집중하게 된다.

동기 유발 자료로 학생들의 사진을 넣어 스토리텔링으로 전개하게 되면 훨씬 흥미

> 가장 위대한 업적은
> '왜'라는 아이 같은 호기심에서
> 탄생한다.
> 마음속 어린아이를
> 포기하지 말라.
>
> **-스티븐 스필버그**Steven Spielberg

있어 하고 즐거워하는 것을 우리는 느낄 것이다. 이처럼 대안학교는 같은 '학교'라는 이름 아래 있는 공교육에 비해 '틀린' 학교가 아니라, 교육과정이나 교육 방식이 '다른' 학교일 뿐이다.

대안학교 들여다보기

　대안교육은 공교육의 문제점을 해결할 뿐만 아니라 교육을 통해 삶의 방식을 바꾸려는 대안적 운동으로 등장하였다. 대안학교는 이러한 대안교육을 실현하기 위해 세워진 학교이다. 현재 우리나라에서도 다양한 형태의 대안학교가 세워지고 있다.

　그러나 대안학교 교육과정의 개발이나 운영 실태에 대한 연구와 지원은 부족한 실정이며, 혁신학교의 등장, 공교육에서의 프로젝트 수업의 현실화 등으로 인해 대안교육에 대한 관심은 점차 소실되고 있는 상황이다. 이에 대안교육의 원론적인 내용을 좀 더 알아보고자 한다.

　첫째, 대안학교의 교육과정에서 지향하는 교육 이념 및 교육적 인간상은 무엇인가?

　둘째, 대안학교에서 지향하는 인간상을 기르기 위해 어떤 내용을 가르치고 있는가? 이러한 교육 내용이 선정되고 조직되는 기준은 무엇인가?

　셋째, 대안학교 교육과정의 편제와 운영상의 특징은 무엇인가?

　넷째, 대안학교의 교수 방법 및 평가의 특징은 무엇인가? 잠재적 교육과정의 특징은 무엇인가?

　다섯째, 대안학교 교육과정의 문제는 무엇이고, 이를 극복하는 방법은 무엇인가?

이와 같은 질문들에 대한 원론적인 내용은 다음과 같다.

첫째, 대안학교의 교육과정이 지향하는 교육 이념은 공동체 안에서의 자주적이고 전인적인 개인의 발달이다. 이를 통해 대안학교는 학생 개개인의 발달이나 공동체성을 모두 중시한다는 것을 알 수 있다.

내가 근무했던 학교의 이름은 '서울전인새싹학교'였다. 학교의 이름에 걸맞게 전인적인 인간 양성을 매우 중시하였으며, 공동체 속에서 더불어 생활하며, 학생 개개인의 존엄성을 가장 우선시하던 학교였다.

둘째, 대안학교에서 중요하게 생각하는 교육 내용은 인성교육, 실생활교육, 일하기교육, 환경교육, 사회참여교육 등과 관련된 것이다. 이런 내용은 대안학교의 교육 이념이 반영된 것이라 할 수 있다.

'서울전인새싹학교'에서 가장 중시했던 교육은 바로 위에서 나온 다양한 교육 방법들을 구축할 수 있는 프로젝트 수업이었다. 수업 내에서, 학교생활 속에서, 자치회의 시간 내에서, 현장학습에서 크고 작은 다양한 프로젝트가 수시로 이루어졌으며, 교사와 학생은 일상처럼 프로젝트 수업을 기획하고, 보고서를 썼다.

셋째, 편제와 운영상의 특징을 보면, 학생들의 생체 리듬을 고려하여 시간표를 짜서 운영하고, 과목별 이동 교실을 선호하며, 3학기제, 과목별 다학기제, 집중이수제를 운영하고 있다. 이러한 운영은 교육과정이 학생들에게 부담을 주지 않고 그들의 흥미를 고려한다는 관점을 일관되게 반영하고 있다는 특성을 갖는다.

대안학교의 주인은 학생이다. 학교에는 교과서가 없었으며, 학년별 학습 목표에 도달해야 하는 교육과정은 참고자료였다. 기본 교과목을 바탕으로 본인이 하고 싶은 교과는 선택하여 배울 수 있었으며, 새로운 교과를 만들어 내기도 하였다. 필요한 과목은 강사를 초빙하거나 직접 찾아가는 교육도 서슴지 않았다.

넷째, 교수 방법상의 특징은 교사들이 학생의 흥미와 선택권을 중심으로 수업의 전 과정을 조직하고 있다는 것이다. 학생들의 자발적 학습 능력을 키워 주기 위해 교재, 수업 방법, 수업 자료를 끊임없이 개발하고, 개별화 학습과 소집단 학습 조직을 선호하며, 수준별 교육과정을 운영하고 있다. 이 과정에서 교사들은 학습 정보 제공자, 학습 촉진자의 역할을 하고 있다. 이러한 특징은 대안교육에서 추구하는 교육 방법이나 평가의 특징을 비교적 잘 반영하고 있다고 볼 수 있다. 또한 잠재적 교육과정의 측면에서 볼 때 교사들이 학생들을 인격적으로 대우하고, 학생의 자치 활동과 적성을 기르는 동아리 활동, 특별 활동을 중시한다. 교사 조직은 공동체적이고 민주적으로 운영되고 있다.

위에서 말했듯이 학교에서 교사는 그림자로서의 역할을 했다. 수업을 진행하지만 수업을 만들어 가는 것은 학생이었고, 교사는 방관이 아닌 조력자의 역할을 하였다. 교사는 학생들의 의견을 존중하였고, 교사 간에는 서로 배려하고 이해하며 상대방의 교육관을 존중해 주는 문화가 지극히 자연스러웠다.

하지만, 대안교육이 이론상 느끼는 것처럼 현 공교육을 대안할 정도로 완벽하거나 추구해야 할 방향만을 제시하지는 못한다. 당연히 한계가 있고, 대한민국의 교육 현실을 반영하기에는 부적절한 점들이 많기에 아직 자리 잡지 못하고 있는 것이다. 나는 그 한계점을 절실히 느꼈기에, 안타까운 마음을 금치 못했다.

다섯째, 대안학교의 교육과정이 가진 문제점은 제도적 문제와 학교 내적인 문제가 있다. 제도적 문제로는 세부 규정 미비, 국민공통교육기간 적용의 문제, 특성화 교과목 편성 비율의 제한을 들 수 있다. 학교 내적인 문제로는 교육 이념을 반영하는 교육과정 개발과 교육 내용 개발의 문제, 교수-학습 자료의 부족, 교사 수급 및 교사 연수 부족, 학부모나 사회의 과도한 기대를 들 수 있다.

• • •

대안학교에서 근무하면서 나는 승합차를 끌고 다니며 학생들의 등하교를 도맡았다. 대한민국 어느 학교에서 교사가 직접 차량을 끌고 다니며 학생들의 등하교 지도를 하고 수업을 하겠는가?

그리고 아이들을 하교시킨 후에는 다시 학교로 돌아와 회의를 했다. 일반학교처럼 학교 일정, 교사 업무, 교육과정 진행, 연수 등에 관한 회의도 하지만, 거의 대부분은 학생들의 성장에 관한 이야기에 집중하였다. 학생들 중 오늘 누가 기분이 어땠는지, 좋지 않았다면 어떻게 도와줘야 될지에 대해 끊임없이 논의했다.

또한 수업 준비에 대해서도 함께 공유했다. 학생 수가 적기도 하였고, 프로젝트 수업이라 교사 전체의 도움 없이는 힘든 부분도 많았기 때문에 서로 협력자로서 도움을 주고받았다.

지금 생각해 보면, 이른 새벽에 출근하고 늦은 밤에 귀가하면서도 월급도 제대로 받지 못한 달이 많았지만 힘들지 않았다. 왜냐하면 아이들이 학교에 오는 것이 행복했고, 아이들을 위한 교육을 내가 할 수 있다는 생각에 힘을 낼 수 있었기 때문이다. 이렇듯 모든 열정을 쏟아가며 몇 년간을 그렇게 근무했다.

• • •

대안학교의 교육과정은 공동체 안에서의 개인의 전인적 발달을 위해 교육 내용이나 교수 방법, 평가까지 일관성 있게 조직하고 있음을 알 수 있다. 또한 교과 수업시간도 학생의 일상적 생활교육의 장으로 인식하여 민주적이고 공동체적으로 운영하고 있다. 이러한 대안교육의 실천 사례나 교육과정은 일반학교의 한계점에도 도움을 줄 수 있을 것이라 생각한다.

공립학교에서의 생활

대안학교에서 몇 년간 근무를 하다 집 근처 공립학교에서 기간제 교사를 하게 되었다. 대학 졸업 후 시골학교에서 아이들과 목욕탕을 같이 다니고, 바닷가를 함께 뛰어다니며 학교생활을 했고, 그 다음으로 근무한 학교가 대안학교였다. 시간표 작성부터 수업활동 내용까지 대부분이 학생 중심으로 진행되었고, 자율성이 존중되었던 곳에서 근무하다가, 처음으로 도시의 공립학교에서 근무하게 된 것이다.

그렇게 시작한 공립학교 생활에서는 감옥과 비슷한 느낌을 받았다. 아이들이 참 답답해 보였고 불쌍하게 느껴졌다. 나는 당시 3학년 담임이었는데, 파주에 있는 작은 학교였음에도 불구하고 아이들은 기본 3~4군데의 학원을 다니고 있었다. 공부에 대한 스트레스로 열 손가락 손톱을 다 물어뜯어서 반창고를 감싸 놓으면 발가락까지 물어뜯는 아이도 있었다.

학부모와 학생들은 평가에 민감했으며, 친구들은 서로 경쟁의 대상이었다. 교실에서 아이들은 절제된 쉬는 시간을 즐겨야 했으며, 꽉 짜인 시간표대로 로봇처럼 생활하였다.

아이들은 일주일 중에 2~3번 있는 체육시간을 가장 기다렸으며, 쉬는 시간에 모든 스트레스를 다 쏟아붓는 것처럼 보였다.

한 교실에 30명의 아이들이 모여 앉아 교사의 설명을 듣고, 정해진 방식대로 발표를 하며, 교사가 정해 준 역할대로 모둠토의를 한다. 교사는 정해진 시간에 수업 진도를 빼기에 바쁘고, 학생들과 여유롭게 토의하거나 상담할 시간도 부족하다.

팍팍한 교실에는 기다림이란 없었다. 그래서 아이들과 충분히 상담하고 이야기하며 풀어나갈 문제들도 윽박지르거나 엄하게 말하는 것으로 무마시키곤 했다.

교실 안은 30명의 아이들이 안전하게 생활하기 위해 그들이 지켜야 하는, 외우기조차 힘든 수많은 규칙들로 가득 차 있었고, 규칙을 지키지 않을 경우에는 벌을 받아야 하는 악순환의 고리가 이어지고 있다.

수업은 시험범위 위주로 진도를 나가야 하므로, 교과서 위주로 강의식 수업을 진행할 수밖에 없었다. 15년 전 당시만 해도 일반학교에서는 프로젝트 수업이란 명칭은 들어보기 힘들었고, 대안학교에서 내가 했던 수업도 어떤 체계가 잡혀 있었던 것은 아니다.

그렇게 나름대로의 최선을 다하며 기간제 교사로 3개월을 보냈다. 학부모들은 친절하면서 아이들 이야기에 귀 기울여 주는 교사를 좋아해 주었다. 짧은 시간이었지만, 나는 공립학교에서 프로젝트 수업을 진행하기 위해서는 동학년 교사의 합의도 있어야 하고, 교감, 교장선생님께서도 어느 정도 허용을 해 주어야 가능하겠다는 생각을 했다.

조금은 다를 것으로 생각했던 내 교육관도 공립학교에서는 허탈하게 무너질 수밖에 없다는 것을 느끼고, 나는 기간제 교사를 마무리하게 되었다. 물론 지금은 교육의 다양성과 교육과정의 재구성 등을 당연시하고, 다양한 교수법이 적용되고 있어 프로젝트 수업도 교수학습 과정의 일부분이 되었지만, 그 당시는 참으로 실행하기 어려운 여건이었다.

2. 프로젝트 수업을 실현하기 위한
   교사의 역할

서로 스승

　모든 수업이 그러하듯 프로젝트 수업도 함께 성장할 수 있는 좋은 기회의 장이다.

　우리는 늘 학생들과 '서로 스승'이라는 말을 중심으로 함께 배우고 성장하기를 이야기하였다. 교사가 수업의 주도권을 쥐고 있지만, 프로젝트 수업을 하면서 학생들에게 배울 점도 많다. 또한 교사가 가르치려는 입장에서 학생들을 대할 때와, 함께 배우겠다는 마음으로 수업에 임할 때의 모습은 수업을 전혀 다른 과정으로 만들어 간다.

· · ·

　교사와 학생은 수업 시간에 서로 존중하며, 함께 성장하고 배우겠다는 마음으로 수업을 가꾸어 가야 한다.

　프로젝트 수업은 도자기를 빚는 것과 같다. 교사와 학생은 함께 도자기를 빚는 것이다. 어느 한 손에 힘이 더 가해지거나 다른 모양으로 변형을 하게 되면, 물레는 흔들리며 원하는 모양의 도자기를 만들 수 없거나 삐뚤어져 망가지게 될 것이다. 이렇듯 교사와 학생은 하나의 마음으로 서로 균형 있게 수업을 만들어 가야지, 한쪽이 더 끌어가려 하거나 힘을 주면 그 수업은 흐트러지게 마련이다.

프로젝트 수업에서 교사는 전문가이자 멘토이며, 동기 유발자, 학습평가자이다. 촉진자, 조력자, 안내자, 코치의 역할을 하는 우리를 학생들은 그림자교사라고 불러 주었다. 자칫 오해하기 쉬운 것은 "프로젝트 수업에서 교사들은 가르치지 않는가?"라는 의구심이다. 이러한 질문에 나는 "확실히 가르치고 있다."라고 답할 것이다.

프로젝트가 시작되면 교사는 필요한 안내만 제공하고 학생들끼리 작업하도록 뒤로 물러서 있다는 것이 일반적인 고정관념이다. 물론, 익숙한 고학년들에게는 가능한 자율성을 많이 주어야 하는 것이 사실이지만, 이는 어디까지나 이상적인 경우이고, 현실에서는 대부분의 학생이 교사의 도움을 필요로 한다. 따라서 적절한 수준의 자율성이 어느 정도인지는 경험을 통해 판단해야 한다.

학생들이 프로젝트 수업에 몰입하게 되면 교사는 방향을 잡아 준다. 그런데 교사들 간에 충분한 논의와 자료수집이 되어 있지 않으면 학생들에게 방향을 잡아 주기 어렵고, 학생들은 갈피를 잡지 못한 채 중구난방 긴 회의로 지칠 것이고, 프로젝트 수업에 흥미를 잃고 쉽게 포기하게 될 것이다.

교사는 학기 초에 학년교육과정을 정하면서 학년에 맞는 학습 목표를 잡고, 주제를 설정한다. 이때 학생들과 함께 이야기를 해도 좋겠지만, 교사도 어느 정도 큰 틀에서 학년 수준에 맞는 기준은 가지고 있어야 한다. 그렇지 않으면 학생들의 분위기에 휩쓸려 수업과 관련 없는 주제로 흐르거나, 전체적인 큰 틀이 흔들릴 수도 있다.

· · ·

국제학교에서 1년 정도 국어, 사회 교과를 가르친 적이 있다. 당시에는 한국 학생들이 학력 인증을 받게 하기 위해 국어, 사회를 가르쳤는데, 국제학교 자체가 주제 중심으로 수업이 진행되고 있었다. 예를 들어, 1학기의 수업 주제가 '건축'일 경우, 국어 교사들은 1~6학년의 1, 2학기 국어 교과서를 다 펼친 후, '건축'에 관한 지문이나 내용이 들어간 주제들을 모두 발췌하여 정리하였다. 그리고는 말하기, 읽기, 쓰기, 듣기 등으로 분류되어 있는 부분들을 다시 정리하여, 어떤 방식으로 프로젝트 수업을 할지 계획을 짠 후 학생들에게 필요한 자료를 수집하였다. 그리고 일반 교과에서 진행하고 있는 '건축' 관련 주제들과 연관하여 학생들이 1학기 전체를 주제 속으로 녹아들어가 활동할 수 있도록 학교 전체가 움직였다.

단순히 '건축'이란 주제였지만 내용은 굉장히 광범위하였으며, 수업은 생각보다 깊이 있게 진행되었고, 다양한 결과물들이 도출되었으며, 주제와 관련된 학생들의 작품이 학교 곳곳에 전시되었다. 그렇게 한 학기를 마치게 되면, 학생들은 국어, 수학, 사회, 과학, 미술, 음악 등 다양한 분야에서 '건축'과 관련된 부분을 깊이 있게 공부함으로써 거의 반 전문가가 되어 있었다.

교사는 수업을 설계할 때 수업 과정 중 일어날 수 있는 모든 상황에 대해 예상하고 점검하여 계획해야 한다. 수업 전체를 학생들에게 맡긴 채 그림자교사 역할만 한다고 졸졸 따라가기만 해서는 안 된다.

교사는 학생들에게 지식을 전달해 줘야 하는 의무를 가지고 있다. 프로젝트 수업이 1~2차시로 끝나는 것이 아니므로, 교사는 프로젝트 수업의 주제에 맞는 충분한 자료를 조사하고 수집하여야 한다. 그리고 학생들의 수준에 걸맞은 쉬운 언어로 전달해 주어야 하며, 그 지식을 프로젝트 수업에서 학생들이 활용할 수 있어야 한다.

· · ·

학생이 프로젝트 수업을 수행하기 위해 필요한 기초 지식과 역량은 교사가 강의식 수업을 통해 가르쳐야 한다.

그리고 프로젝트 수업 과정에서 반드시 알아야 할 지식은 마지막 정리 과정에서 교사가 학생들에게 설명해 주어야 한다. 학생들이 프로젝트를 통해 얻은 경험은 교사의 설명과 연결되어 자신만의 지식으로 쌓이게 되는 것이다.

교사가 학생들에게 필요한 지식을 적재적소에 제공해야지만 프로젝트 수업의 결과는 더욱 풍부해지고 의미 있는 수업이 될 것이다.

프로젝트 수업은 캐럴 드웩의 저서『마인드셋』에서 말하는 것처럼 성장 마인드셋(Growth Mindset)을 가진 학생으로 성장하게 도와준다. 성장 마인드셋은, 지능은 타고난 것이 아니라 노력과 배움 등으로 발달할 수 있다고 믿으며, 계속해서 배우려 하고 새로운 전략을 계속 시도하며, 막다른 길에서는 다른 사람의 조언을 구하기도 한다.

· · ·

프로젝트 수업에서 학생은 끊임없이 질문하고 자문해야 한다. 성장할 수 있다는 믿음과, 자신이 수업 속에서 배우는 모든 것이 가치가 있다는 생각으로 수업에 임하여야 한다. 학생들이 수업 속에서 배우는 모든 것이 가치가 있도록 하기 위해서는 교사의 꾸준한 자기 계발이 필요하다. 다양한 수업을 기획하고 적절한 지식을 학생들에게 제공하기 위해서는 문학, 예술, 철학, 글쓰기, 여행, 역사 등에 관한 다양한 책을 읽고 경험을 쌓아야 한다.

이런 부분은 나에게도 굉장히 부족한 부분이어서 수업의 한계를 자주 느낀다. 그래서 이와 관련된 프로젝트 수업을 진행하여야 할 경우 주변 전문가의 도움을 받거나 동료 교사의 도움을 받게 된다. 주변의 인적 자원을 활용하게 되면 학생들에게 다양한 사회성을 길러 주는 데도 긍정적인 영향을 미친다.

그러므로 혼자서 모든 것을 다 해내려고 욕심을 부리거나 애쓰지 않아도 된다. 그것은 오히려 수업에 역효과만 가져오고, 프로젝트 수업이 단순하게 전개될 수 있기 때문이다.

교사는 학생과 충분한 라포르(Rapport)가 형성되어야 한다. 프로젝트 수업에서 필요한 역량 중 하나는 '의사소통 역량'이다. 의사소통은 모든 수업에서 기본이 되지만, 프로젝트 수업에서는 특히 더 중요한 요소이다. 프로젝트 수업은 협업이 가장 핵심 요소이기 때문에 서로 간에 의견을 주고받거나 합의를 거치지 않는다면 수업은 더 이상 진행되기 어렵다.

학생 상호간 의사소통도 매우 중요하지만, 교사와 학생 간의 의사소통은 굉장히 중요한 문제이다. 학생들이 교사를 신뢰하며 프로젝트 수업을 믿고 따라온다면, 수업 속에서 실수를 하거나 실패를 하더라도 좌절하거나 포기하지 않게 된다. 다시 할 수 있다는 자신감을 얻고 새롭게 도전할 수 있는 것이다.

그리고 교사가 학생들이 목표를 성취할 때까지 차분하게 믿고 기다려 준다면, 학생들은 보다 안정적인 분위기 속에서 수업 성취를 만끽할 수 있을 것이다.

> 교사 주변의 모든 것이 곧 수업 재료인 셈. 교사는 일상을 즐기되 그것을 수업과 연계시키려고 노력해야 한다. 일상의 삶 속에서 수업과 관련이 있는 것을….
>
> 출처: 최무연(2016). 나는 수업하러 학교에 간다. 행복한미래.

> 교사의 가장 중요한 자질은 자식을 향한 부모의 절대적 사랑도, 그저 '착한 어른'이면 보살피고 예뻐해 주는 보육자적 사랑도 아닌, 교사만이 해줄 수 있는 '전문적 사랑'이라는 의미다. 교사는 어른이면 누구나 품을 수 있는 '아이들에 대한 사랑'이 아닌 지식과 규범에 근거하여 아이들에 대한 사랑이 결실을 맺도록 실제적인 방법을 고안해 낼 수 있는 '지적인 사랑'을 실천해야 한다.
>
> 출처: 이현정, 최무연, 임해정(2017). 프로젝트 수업, 배움을 디자인하다. 행복한 미래.

2장

가치 있는
프로젝트 수업

1. 내일이 요구하는 미래 역량

시대에 발맞추는 역량

최근 뉴스나 책이나 우리 주위에서 빈번하게 등장하는 단어 중 하나는 바로 '4차 산업혁명'이다. 보통 산업혁명이라고 하면 19세기 영국에서 있었던 1차 산업혁명(증기기관)을 떠올리는데, 그로부터 2차와 3차가 더 있었다는 사실을 모르는 사람이 많다. 또한 알더라도 구체적으로 어떤 혁명이 있었는지는 가물가물한 사람들도 있다. 4차 산업혁명을 '미래에 다가올 혁명'이라고 두루뭉술하게 알고 있는 분들께 4차 산업혁명에 대해 소개하고자 한다.

산업혁명이란 무엇인가?

독일의 철학자 헤겔은 '양질 전환의 법칙'이라는 개념을 제시했다. 이 개념은 일정 수준의 양적 변화가 누적되면 어느 순간 질적인 변화로 이어진다는 주장이다.

즉, 내부에 에너지가 축적되면 어느 순간 그것이 폭발하며 이전과는 전혀 다른 환경을 만든다는 것이다. 이를 경제사회에서는 '산업혁명'이라고 부른다.

산업혁명이 네 번이나 있었다고?

1차 산업혁명으로부터 3차 산업혁명으로의 변화는 물 흐르듯이 서서히 일어났지만, 분명한 노동시장의 변화를 가져왔다. 재미있는 것은 변화의 축에 서 있는 사람들은 그 변화의 속도를 느끼지 못한다는 점이다. 예를 들어, 3차 산업혁명이 일어나기 전에는 누구도 그 시기

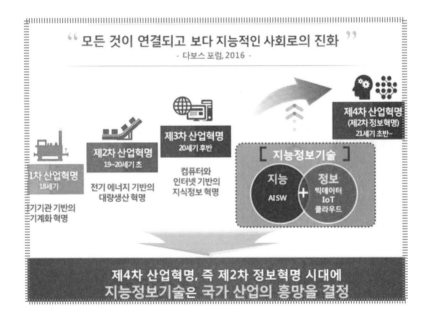

를 3차 산업혁명이라고 부르지 않았으며, 그 시기가 사소하고도 거대한 대전환의 순간인지 아무도 알지 못한 것이다.

4차 산업혁명은 AI 등 최첨단 기술의 융합을 말한다. 통상 2010년 이후를 가리키며, 실제와 가상의 통합으로 사물들을 자동, 지능적으로 제어하는 가상물리(Cyber Physical) 시스템이 구축되는 것을 말한다. 4차 산업혁명의 핵심 요소는 개별적으로 발달한 각종 기술의 '융합'이라고 할 수 있다. 디지털, 바이오, 오프라인 기술들이 다양하고 새로운 형태로 융합되어 새로운 부가가치를 창출해 내는 것이다.

또 다른 주요한 특징은 '속도'라고 할 수 있다. 새로운 물건이나 기술이 발명되거나 발견되면 이것이 파급되는 속도는 과거와는 비교할 수 없을 정도로 빠르게 진행되는 것이다. 이러한 4차 산업혁명은 단순히 기술적 발전에 그치는 것이 아니라 정치, 경제, 사회 등 모든 분야에 큰 파장을 초래할 수 있다는 것에 주목할 필요가 있다.

4차 산업혁명의 대표적인 기술들은 향후 물건을 만들 때 생산성을 비약적으로 높여 주고 운반비용은 대폭 줄여 줄 것이다. 그렇게 되면 소수의 생산자들이 시장을 독점할 가능성이 있으며, 또 다른 새로운 기술이 등장하면 이전 기술을 밀어내고 또다시 독점의 형태로 시장을 잠식할 우려가 있다.

노동과 자본시장에서는 단순노동과 자본보다 재능과 기술이 대표적인 생산 요소가 될 것이다. 새로운 기술과 아이디어만 있으면 많은 사람으로부터 빠른 시간 안에 사업 자금을 모을 수 있다. 최근 주목받고 있는 텀블벅 등의 크라우드 펀딩이 이와 연결되어 있는 시장일 것이다. 이제 투자금을 모으는 방식도 이전과는 확연히 달라지고 있다. 어떠한 사회적 가치를 실현하려는 사람은 같은 가치를 실현하기 원하는 사람들에게 투자를 받는 대신 그들의 사회적인 욕구를 만족시켜 주는 것이다. 이러한 시스템은 이익만을 추구하던 자본시장과는 다르게 사회적 가치를 우선으로 두는 새로운 시장이라고 할 수 있다.

마지막으로 수요와 공급을 연결하는 플랫폼이 핵심사업으로 등장할 것으로 보인다. 최근 떠오르며 대성공을 거두고 있는 '공유경제' 시스템을 예로 들 수 있겠다. 에어비앤비(Airbnb), 우버 등의 회사 같은 기존에 없던 모바일 기반 비즈니스가 계속 나오고 있다. 중국의 IT기업 또한 미국의 서비스 산업을 빠르게 벤치마킹하고 있으며, 개인정보 사용에 대한 규제도 약하므로 넓은 시장에 쌓이는 데이터도 엄청나다.

『제4차 산업혁명』을 쓴 클라우스 슈밥 세계경제포럼 회장은 이런 말을 했다.

> "세상은 기술결합에 따른 혁신의 시대로 이전하고 있다. 비즈니스 리더와 최고 경영자는 변화 환경을 이해하고 혁신을 지속해야 살아남을 수 있을 것이다."
>
> 출처: 클라우스 슈밥, 〈'제4차 산업혁명'시대를 선언하다〉, 2016 다보스리포트

이렇듯 우리 아이들을 미래사회가 요구하는 인재로 키우기 위해서는 급변하는 사회 변화에 발 빠르게 적응할 수 있는 힘을 길러 주어야 하며, 시대가 요구하는 역량을 교육에서 책임지고, 함께 성장할 수 있

도록 노력하여야만 한다.

4차 산업혁명 시대에는 주어지는 문제를 다루는 것과 다르게, 새롭고 불분명한 문제를 해결할 수 있어야 한다. 따라서 "이미 정해진 답이 있는 문제를 암기하여 짧은 시간에 많이 맞추는 능력이 아니라, 정답이 없는 문제를 다양한 시각과 시도로 풀면서 가장 적합한 해답을 찾아 나가는 능력"이 필요하다.

교육을 뜻하는 영어 단어 education은 '훈련하다', '틀에 맞추다'라는 뜻의 라틴어 educare와 '밖으로 드러내다', '앞으로 이끌다'라는 뜻의 educere에서 파생했다고 알려져 있다. 4차 산업혁명 시대의 교육은 educare가 아니라 educere의 의미를 지니게 될 것이다. 기존의 예측 가능한 시대에서는 교사가 학생에게 한정적인 지식을 전달하는 일방향적, 고정적인 과정이 중요했다면 융복합 시대는 유기적이고 관계적인 형식으로 변모하게 된다. 융복합 시대의 교육은 학생이 학교라는 사회에서 동급생과 교사와 함께 유기적 공동체를 이루며 지식을 진보하게 하는 것을 목적으로 삼는다.

이에 시대의 흐름에 필요한 다양한 교육적 역량들을 제시하고 있으며, 미래 역량, 21세기 핵심 역량, 성공 역량 등 다양한 용어들로 미래 인재를 양성하기 위한 다양한 논점들을 제시하고 있다.

프로젝트 학습은 학생과 교사 모두를 해당 과목에 깊이 파고들게 하는 수업 방법이다. 즉, 기본적인 개념 및 이해와 씨름하며 단순 암기하는 것을 넘어서는 배움이다. 프로젝트 학습은 학생들의 동기를 유발하기도 하지만, 궁극적인 목적은 '이해가 있는 배움'이다. 즐거움에 뒤따르는 동기 유발은 당연한 결과이며, 궁극적으로 주안점을 두어야 하는 것은 '학생이 무엇을 배울 것인가'이다.

프로젝트 학습의 목표는 학생들의 이해를 높이는 것에서 더 나아가, 시간이 지난 후에도 사용하고 적용할 수 있도록 역량을 키우는 데 있다. 학생들은 배운 것을 총동원하여 최근의 쟁점을 분석하고 새롭게 나타난 문제를 해결하며, 민주적 논의 과정에 참여할 수 있어야 한다.

하지만 학생들이 배운 것을 사용하고 적용할 수 있다고 하더라도 대학, 직장, 인생의 성공을 위해서는 추가적인 능력이 필요하다. 우리는 이를 '성공 역량(Success Skills)'이라고 부를 것이다. '성공 역량'은 프로젝트의 학습 목표이면서 동시에 프로젝트의 목표를 성취하기 위한 필요 과정을 나타낸다.

21세기 핵심 역량(21st Century Success Skills)이란, 미래학자들이 제시한 21세기 미래 인재가 갖추어야 할 핵심 역량을 말한다. 어떤 능력을 이 핵심 역량에 포함해야 하는가에 대한 견해는 학자와 단체에 따라 조금씩 다르지만, 보통은 흔히 4C로 표현되는 의사소통 능력(Communication), 창의력(Creativity), 비판적 사고력(Critical Thinking), 협업 능력(Collaboration) 등이 공통적으로 포함된다. 대학과 기업들은 현재의 초·중·고 교육과정이 학생들을 졸업 후 21세기에 걸맞은 경쟁력 있는 인재로 만들지 못한다고 비판한다. 그런 이유로 21세기 핵심 역량을 키울 수 있는 교육 혁신이 필요하다.

이에 4차 산업혁명이 요구하는 우리 아이에게 가르쳐야 할 '미래 역량'에 대해 『성품양육』의 저자 이영숙 박사는 아래와 같이 서술하였다.

미래 역량 1. 자아정체성과 자존감

3차 산업혁명 시대만 해도 '의사, 변호사, ○○전문가'와 같이 유망한 분야가 어느 정도 정해져 있었고, 부모들은 돈 잘 버는 성공적이고 안정적인 직장을 선호하였다. 그리고 현실적으로 그러한 삶을 살 수 있었다. 그러나 4차 산업혁명 시대는 수많은 지식과 기술들이 빠른 속도로 쏟아져 나오면서 기존의 많은 직업이 사라져 갔고, 어떤 직업이 유망할지도 보장하지 못하는 사회가 되었다. 이에 대한 다양한 자료와 정보가 나오고 있지만, 부모와 학생은 혼란스럽고, 어떤 전공과 직업을 선택해야 할지 어려움을 겪고 있다.

OECD는 '21세기 생애 핵심 역량'에서 세 가지 역량을 발표했는데, 첫째는 '도구를 상호적으로 사용하기', 둘째는 '이질적인 집단과 상호작용하기', 셋째는 '자율적으로 행동하기'를 꼽았다. 이 세 가지 역량을 종합해 보면 '자아정체성'을 갖춘 '자존감' 있는 미래 지도자로서, 나와 다른 것을 이해하고 상호작용하기 위해서 주도적으로 자기 생애를 계획하고 관리할 수 있는 사람을 말한다. '자아정체성'과 '자존감'을 가진 사람은 나와 다른 것을 존중하고 수용하여 상호작용할 수 있다. 복잡하고 혼란스러운 4차 산업혁명 시대를 받아들이고, 자신이 선택한 것에 대해 흔들리지 않고 긍정적으로 생각할 수 있으므로 행복한 인생을 살아가기 위해 꼭 필요한 핵심역량이라고 말할 수 있다.

미래역량 2. 융합과 유연성

4차 산업혁명 시대에는 '융합형 직업'이 증가할 것으로 전망된다. 서로 다른 전공, 기술이 융합되어 새로운 직업들이 탄생할 것이다. 특히 '홀로그램 전시기획가', '사용자 경험(UX)디자이너', '테크니컬라이터', '감성공학 전문가' 같은 이공계 기술과 다른 영역 간의 연결과정에서 새로운 직업이 탄생할 가능성이 높다. 때문에 기술과 직무를 넘나드는 '융합과 유연성'이 필요하다. 4차 산업혁명 시대를 주제로 포럼을 열었던 세계경제포럼(WEF)의 클라우스 슈밥 회장도 "과거와 같은 생각에 머문다면 미래에는 일자리를 가질 수 없을 것"이라며 '융합과 유연성'을 강조했다. 각 학문을 넘나들며 끊임없이 발전해야 하는 시대를 반영한 변화라고 할 수 있다. 우리 아이들에게도 자유롭게 경계를 넘나들 수 있는 '융합과 유연성'을 가르쳐야만 한다.

특히 우리나라 학생들이 배양해야 하는 능력은 인지적 유연성이다. 현재 우리나라 교육은 많은 변화를 꾀하려고 노력하고 있지만, 워낙 오랜 시간 주입식 지식 전달 교육 위주로 이루어졌기 때문에 미래 사회가 요구하는 인지적 유연성을 학교 현장에서 기르기는 쉽지 않다.

먼저 학생들은 내가 부딪치는 문제를 해결하는 데는 한 가지가 아닌 여러 가지 솔루션이 있다는 사실을 깨닫고 다양하고 유연한 사고의 기술을 배워 나가야 한다. 그리고 교사와 학부모는 학생들에게 '한 가지 길'이 아닌 '다양한 길'이 있다는 것과 그 다양한 길은 다양한 사람과의 의미 있는 만남과 네트워크를 통해 모색하고 찾아낼 수 있다는 사실을 가르쳐야 한다.

미래역량 3. 공감인지 능력과 분별력

2016년 세계경제포럼(World Economic Forum: WEF)이 강조한 '21세기 기술'에는 '의사소통', '협력', '리더십' 자질이 포함되어 있다. 미래 사회에서는 지식의 공유와 네트워킹이 활발해지기 때문에, 타인과 공감하고 소통할 수 있는 공감인지 능력이 필요하다. 실제로 4차 산업을 주도하는 실리콘밸리에 위치한 '스탠퍼드 대학'에서는 학생들이 협력하여 하나의 목표를 달성하는 프로젝트 기반학습을 진행해 오고 있다. 팀원들이 자신의 지식과 경험을 공유하며 공동의 목표를 완성하는 수업으로, 팀원 간의 공감인지 능력이 중요한 역량이 된다.

공감인지 능력이란, 다른 사람의 기본적인 정서, 즉 고통과 기쁨, 아픔과 슬픔에 공감하는 능력으로 동정이 아닌 타인에 대한 이해를 바탕으로 하여 정서적 충격을 감소시켜 주는 능력(이영숙, 2005)이다. 타인의 정서를 읽고, 그것에 적절하게 반응할 줄 아는 아이는 4차 산업 시대의 지식 공유와 네트워킹에서 앞서 나갈 수 있다.

우리는 4차 산업 시대가 가져오는 고도화된 기술의 유익을 누리는 한편, '이 기술이 윤리적인가?' 하는 문제를 맞닥뜨리게 될 것이다. '인간복제', '유전자 조작 식품'과 같은 문제는 아직도 논란의 여지가 많다. 또한 유해성분이 들어간 세제를 개발하고 판매하는 것이 사회적 파장을 일으킨 것을 보아도, 기술 개발자와 기업의 윤리성이 얼마나 중요한지를 깨닫게 된다.

기술이 급속도로 발달하는 4차 산업 시대에는 이 문제가 더 대두될 것이기에, 우리 아이들에게 '옳고 그름을 판단하는 분별력'을 가르치는 것이 절실하다.

분별력이란, 선악을 분별하는 능력을 길러 옳고 그름을 분별하고 올바른 길로 자신을 이끌어 갈 수 있는 능력(이영숙, 2005)이다. 기술을 활용하거나 개발할 때, 그 기술이 바람직한 목적으로 쓰여 선한 영향력을 발휘하게 되려면 '분별력'이라는 좋은 성품이 있어야 한다. 이러한 분별력은 어린 시절부터 가정과 교육기관에서의 체계적인 교육과 체험을 통해 배워 나갈 수 있다.

미래역량 4. 독해력 & 질문력

4차 산업 시대에는 더 수많은 정보들이 쏟아져 나올 것이고, 우리는 마음만 먹으면 클릭 한 번으로 그 정보들을 찾아볼 수 있을 것이다. 그러나 4차 산업 시대에는 수많은 정보를 분석하여 유의미한 결과를 만들어 내는 비판적·논리적 사고력이 필요하다.

비판적·논리적 사고력은 '독해력'에서 출발한다고 해도 과언이 아니다. 책을 읽고 자신이 동일시한 등장인물에 대해 의문을 던지고, 그를 공감하고 비판하는 과정을 통해 비판적·논리적 사고력이 성장한다. 뿐만 아니라, 컴퓨터와 인터넷에 기반한 정보들을 활발하게 활용할 4차 산업 세대에게는 '미디어 독해력'도 필요하다. 미디어 독해력이란 미디어 콘텐츠를 경험하고, 비판적으로 이해하며, 그것을 활용하여 창조적으로 생산하는 능력을 말한다. 미디어를 단순히 소비하는 사람이 아닌, 미디어를 해석하여 새로운 나만의 생각, 감정, 행동을 세워 가는 아이로 키워 가야 한다.

'비판적·논리적 사고'는 질문력을 통해서도 향상될 수 있다. 다이애나

바이틀러 마이크로소프트(MS) 아시아 지역 담당 디렉터는 '미래지향적 교육정책 수립을 위한 공동정책 포럼'에서 "아이들의 호기심에서 탄생한 다양한 질문들이 모이면 비판적 사고력이 형성되며, 비판적 사고력은 창의력으로 연결돼 컴퓨팅 사고력으로 확장된다."고 말했다. 아이의 생각에서 비롯된 질문이 또다시 아이들의 사고력을 탄탄하게 만든다는 것이다.

또한 질문력은 '로봇'이 대체할 수 없는 역량이다. 세계 최고의 과학 기술 문화 전문 잡지 〈와이어드〉의 창간자이자 편집장 케빈 켈리(Kevin Kelly)는 "이제는 인공지능 컴퓨터가 단시간에 답을 찾아낼 것이다. 사람이 할 일은 질문을 하는 것이다."라는 말을 통해 '질문으로 창조적 가치를 끌어낼 수 있는 인간의 능력'이 중요하다고 강조했다. 인간만이 할 수 있는 핵심 능력인 '질문력'을 어릴 때부터 꾸준히 길러 줘야 한다.

미래역량 5. 창의력

전 세계 수많은 학자들이 '4차 산업혁명 시대'의 필수 역량으로 꼽는 것이 바로 '창의성'이다. 2016 세계경제포럼(World Economic Forum: WEF)의 21세기 기술에도 '창의성'을 핵심 역량으로 꼽고 있으며, 마이크로소프트(MS) 아시아 지역 사회공헌 담당 디렉터인 바이틀러도 "4차 산업혁명 시대를 대비하는 미래 인재를 양육하려면 창의력을 가르쳐야 한다."고 강조했다.

창의력은 로봇이 대체할 수 없는 역량이다. 미국 미래학자 마틴 포드(Martin Ford)는 저서 『로봇의 부상』에서 알고리즘이 정해진 텔레마케터, 운전기사, 회계사 같은 직업이 자동화될 가능성이 높다고 밝혔다. 하지만 인간만의 창의력이 요구되는 과학자, 예술가, 사업전략가 등의 직업은 자동화의 위기에서 상대적으로 안전하다고 분석했다.

창의력은 타고나는 것이 아니다. 교육을 통해 '창의력'은 충분히 계발될 수 있다. 미국의 메이커(maker)운동, 유럽의 '예술가와 창의적 교육(Artists in Creative Education, AiCE)'처럼 아이들이 스스로 생각하고 만들고 공유할 수 있는 교육적 환경도 필요하지만, 부모와 교사의 '창의성에 대한 지식과 열린 태도'가 먼저 뒷받침된다면 우리 아이들도 얼마든지 창의력이 있는 아이로 자랄 수 있다.

출처: 이영숙(2019). 성품양육법.

이와 같은 자아정체성과 자존감, 융합과 유연성, 공감인지 능력과 분별력, 독해력 & 질문력, 창의력 등을 우리 아이들에게 길러 주기 위해서는 복합적이고 융합적인 프로젝트 수업이야말로 적합한 교육이 아닐 수 없다.

학생 중심 성취 기준과 평가

우리나라 교육과정은 평가를 위한 교육과정으로 이루어졌다고 해도 과언이 아니다.

교사는 학생들의 보여지는 교육 평가에 만족된 결과를 얻기 위해 교과 진도를 나가고 교육과정을 운영하는 경향이 있다.

대부분의 교사는 지식의 내용과 기능을 평가하는 데 익숙하다. 지식의 내용과 기능의 평가를 위해서는 쪽지시험이나 쓰기 과제 등 다양한 기존의 평가도구를 사용할 수 있으며, 학생이 제출한 결과물이나 발표로 결과를 도출할 수 있다. 그래도 요즘은 서열과 경쟁을 심화시키는 결과 평가에 반하여, 개별 학습자의 능력과 학습 발달 정도를 평가하려고 한다. 또한 성장과 배움의 정도를 측정·평가하는 것으로, 일률적인 기준으로 평가하기보다 학생 개개인에 맞춘 기준을 통해 평가하는 과정중심 평가를 통해 학습 과정에서 학습자가 보인 여러 가지 변화를 평가하는 등 다양한 평가 방식을 시도하고자 노력하고 있다.

그러나 교사라면 누구나 알 수 있듯이, 시험은 교실에서 일어나는 한 단면만을 보여줄 뿐이다. 표준화된 시험으로는 학생들이 배우는 모든 것을 평가할 수 없다. 하지만 교사는 늘 그랬듯이 객관식과 주관식 평가를 하고, 좀 더 나아가 서술형, 논술형 시험을 출제하게 된다.

그렇지만 프로젝트 수업의 평가는 다르다. 학생들이 학습 결과물을 누군가에게 보여주는 기회를 갖는 것이 프로젝트 수업의 핵심 요소이긴 하나 이것이 프로젝트 수업이 지니는 유일한 의미는 아니다. 프로젝트 수업의 평가 방식은 '시험 점수만으로 우리를 규정할 수 없다.'라는 의미를 잠정적으로 내포하고 있는 것이다.

이러한 평가 방식을 준비하기 위해서 교사와 학생은 프로젝트 수업 과정 중에 끊임없이 피드백, 수정, 개선을 반복한다. 그 과정이 전부

학생들을 단련시키는 과정이다.

학생은 수업 과정 중에 교사의 피드백, 동료의 평가, 전문가의 지도, 자기 성찰 등을 통해, 그리고 교사 평가, 성찰일지를 통해 자기 평가를 하게 된다. 이 모든 과정이 학생의 배움을 빚어내고, 교사는 학생들이 최종 행사에서 자신이 가진 최고의 것을 내놓을 수 있도록 준비하는 과정을 돕는 것이다.

이때 교사는 프로젝트 수업의 활동과 흐름을 구체적으로 생각해 두어야 하며, 활동 하나하나를 세부적으로 구상하기보다는 전체적인 맥락의 개연성을 염두에 두어야 한다. 프로젝트 수업의 결과물을 어떤 방식으로 할지 구체화할수록 학생들은 수업에서 자신들이 진행해야 할 방향을 명확하게 설정하고 수업을 운영할 수 있을 것이다.

결과물을 구체화하되, 프로젝트 수업의 목적과 과정 그리고 학생들의 생각이 반영될 수 있도록 수업을 구상하는 것이 좋다.

교사는 수업 진행 중에 학생들을 평가할 때, '이 부분은 다른 개념으로 가르쳐야 하나? 어떤 자료가 학생들에게 도움을 줄 수 있을까? 학생들의 사고를 확장시키기 위해 어떤 발문을 하면 좋을까? 학생들 간에 협업과 의사소통은 원활하게 이루어지고 있는가?' 등을 살펴보고 다양한 방향에서 상황을 진단해야 한다.

프로젝트 수업의 결과물을 누군가에게 보여주는 평가 방식은 단순히 평가 점수를 매기는 것이 아니라, '지금 이곳에서 엄청난 일들이 벌어지고 있다.'라는 의미를 내포하고 있다. "우리는 눈에 보이는 시험 성적에 만족하지 않습니다. 우리 아이들은 스스로 배우고 성장하였으며, 21세기가 요구하는 미래 역량, 성공 역량을 기르고 현실 세계를 직접 경험하며, 시행착오를 통해 문제를 해결합니다. 그리고 프로젝트 수업을 통해 나온 결과물들을 발표와 전시, 출판 등 다양한 모양으로 현실적으로 제시하고 있습니다."라는 메시지를 전달하는 것이다.

프로젝트 수업의 평가는 학생을 완전한 평가에 이르도록 도우며, 학생들의 성장에 초점을 맞추고 있다는 것에 그 의미가 크다. 우리가 생각하는 교육 평가는 점수와 줄 세우기를 통한 학생들의 단편적인 평가에 그치는 것이라면, 프로젝트 수업의 평가는 퍼즐 조각을 하나하나 맞춰 가듯 학생들의 다양한 역량과 학습 도달 정도, 인성, 협업 등이 결과에 내포된, 종합적인 학생 중심의 평가라고 말할 수 있다.

다음의 사진들은 1년 동안 진행된 주말 프로젝트 수업에서, 마지막 수업 시간에 소강당을 대여하여 발표하는 장면이다.

학생들은 최종 발표를 하기까지 다음과 같은 순서대로 프로젝트를

1, 2학년 프로젝트 발표 모습

3, 4학년 프로젝트 발표 모습

5, 6학년 프로젝트 발표 모습

진행하였다.

① 프로젝트 준비하기(주제와 소재 선정하기)

② 프로젝트 설계하기(장소 선정, 모둠 편성, 활동 목표, 조사 내용 선정, 예

산 편성, 이동 경로, 자료 선정, 프로젝트 진행 순서, 멘토 선정, 평가 계획 등)

③ 프로젝트 실행하기

④ 프로젝트 발표하기

⑤ 프로젝트 돌아보기

1년 동안 진행하였던 프로젝트의 주제가 다양하였지만, 학생들은 이를 통해 협업 능력, 발표력, 의사소통 능력, 문제해결 능력, 자기관리 능력, 융합과 유연성, 비판적 사고력, 독해력 & 질문 능력, 창의력, 자존감, 공감인지 능력과 분별력 등 내일이 요구하는 미래 역량과 성공 역량을 갖추는 데 한 발짝 다가서게 된다. 교사 또한 이를 놓치지 않고 최종 프로젝트 결과에 대해 제대로 된 평가를 하게 되는 것이다.

프로젝트 수업 속의 삶

위의 학생 중심 성취 기준과 평가에 관한 내용은 필자가 1년 동안 주말에 진행하였던 프로젝트 수업에 대한 사진과 자료이다. 프로젝트 수업의 장점은 우리의 생활 속에서나 삶 속에서 어떠한 주제로도 수업 진행이 가능하다는 것이다.

위의 수업은 우리가 '미니기행 프로젝트'라고 이름을 지어서 진행하였다. '미니기행 프로젝트'는 역사라는 주제로 결과를 발표하는 프로젝트였지만, 1년 내내 역사라는 큰 주제로 수업을 진행했던 것은 아니다.

1년의 과정 동안 교사들은 학생들에게 친구 관계, 의사소통 하는 방법, 자신의 역할대로 책임감을 가지고 수업에 참여하는 태도, 프로젝트를 기획하고 진행하는 방법, 자료를 수집하고 해석하는 능력, 협업 능력, 창의력 등의 역량을 갖춰 자라가도록 돕는 것에 목적을 두고 프로젝트 수업을 진행하였다.

어찌 보면, 1년 동안 프로젝트 수업을 진행하면서, 수업 목표도 없고 뚜렷한 수업 주제도 드러나지 않아서 주먹구구식 수업이란 생각이 들었을 수도 있다. 하지만 우리 교사들은 다양한 주제를 가지고 일관되게, 학생들이 성장할 수 있는 큰 틀을 놓치지 않고 수업을 기획하였으며, 수업이 이루어지는 과정 속에서 학생들이 미래의 역량들을 갖출 수 있도록 조력자의 역할을 하였다.

여기에서 수업을 진행하는 과정과 수업을 마치고 나서의 교사들의 수업 의도, 그리고 학생들을 바라보았던 시선을 한번 정리해 보도록 하겠다.

1월 알척 미니기행 프로젝트 수업(1일차)

가능한 수업 진행과 아이들 모습에 집중하느라 사진을 많이 담아내지 못했네요. 시시각각 변하는 다양한 아이들의 표정과 모습을 다 담아낼 수 없다는 게 좀 아쉽긴 해요. 낯설고 다소 어려운 더불어 프로젝트 수업이었을 텐데….

감 잡기 시작한 이후 놀랍도록 보여준 몰입과 집중 그리고 지적 호기심과 학구열….

역할 배정에서 팀원들 간의 조정, 조율하는 과정에서 조화로운 모습과 상호

프로젝트를 시작하기 전 교사의 강의

협조적이고 자발적인 모습.

기획발표까지 너무도 감동이었는데…

3, 4학년 프로젝트 기획회의

1, 2학년 기획회의 모습

글로도 사진으로도 다 담아내지 못함이 그저 안타까울 뿐입니다.

내일은 더욱 기대되네요.

3, 4학년 기획회의 모습

1, 2학년의 프로젝트 기획에 관한 발표 모습

5, 6학년의 프로젝트 기획에 관한 발표 모습

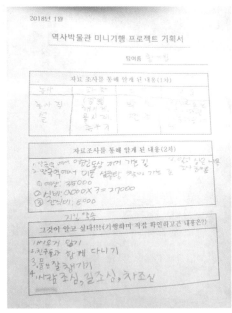

프로젝트 기획서

출처: 1월 알척 미니기행 프로젝트 1일차 스케치(알아서 척척)| 작성자 향초 노선미

프로젝트 수업을 진행하면서 우리에게 제일 어려웠던 점은 학년이 서로 다르고, 사는 지역이 다르고, 일정하게 프로젝트를 진행할 장소가 없다는 점이었다.

보통 학교에서는 공간이 제공되고, 같은 학년에 같은 지역을 묶어 진행하는 경우가 많기 때문에 주제 선정이나 학습 목표에 도달하기가 무척 용이하다.

우리가 진행했던 프로젝트 수업은 다양성 때문에 어려운 점이 많았다. 하지만 프로젝트 수업을 하면서 중요한 것은 장소, 시간이 아니며, 오히려 장소나 시간, 연령에 구애받지 않고 수업을 진행할 수 있다는 것이 프로젝트 수업만의 장점이라는 것을 알게 되었다.

프로젝트 수업은 부족하면 부족한 대로 그 나름의 수업 목표를 세워 주제를 선정하고 장소를 선정하여 진행할 수 있다. 학년이 서로 다르면 서로의 역할을 달리하고 팀별로 운영 방식을 달리하여, 더욱 다양한 주제와 결과를 얻어 낼 수 있다는 장점이 있다.

이때 교사가 닫힌 생각을 가지고 수업을 진행하게 되면 많은 어려움이 생길 수 있기 때문에, 교사는 열린 마음, 창의적으로 문제를 해결하기 위한 마인드를 가지고 있어야 한다. 프로젝트 수업은 기존의 수업을 진행하던 마인드로 진행하게 된다면, 주제도 한정적이고 수업을 이어가는 것 자체도 크게 어려울 수 있다.

수업의 평가도 수업 목표에 도달하는 것에 1차적인 목적을 두지만, 수업 과정에서 일어나는 모든 현상과 변화까지도 평가의 대상이 되기 때문에, 학생의 감정과 행동 하나하나도 교사는 그림자교사로서 깊이 있게 관찰하고 지켜보아야 한다.

아래의 수업 내용은 '미니기행 프로젝트' 수업 2일차의 모습이다. 1일차에는 교사의 강의를 듣고, 학년별 수준에 맞는 역사적인 내용과 인물에 대한 조사를 위해 기획서를 작성하였다.

학생들은 이 기획서 안에 스스로 프로젝트 수업을 통해 이루고 싶은 부분과, 진행 과정에서 필요한 세부 사항들을 하나하나 다 넣어야 한다.

① 자람(성장)하고 싶은 점
② 더불어 친구들과 함께 자람하고 싶은 점
③ 지켜야 할 규칙 · 안전수칙
④ 학생들이 정한 주제에 대해 조사하기 위해 선정해야 할 장소
⑤ 예산 정하기
⑥ 점심 먹을 식당 조사하기
⑦ 교통편 조사

*1월 알척 미니기행프로젝트 수업(2일차)

첫날 진행되었던 아이들의 스스로 더불어 기획을 토대로 오늘은 현장에서의

미션 수행과 기획안 실행을 위한 팀별 활동의 날!

3학년 역사팀의 경우 주제를 구체적으로 잘 잡은 데다 실천성을 고려할 때 자

료 수집과 목적 달성도 용이하고…

 역할 배정 과정에서부터 서로에 대한 배려, 화합이 잘 이루어지는 팀워크를

보여서 오늘의 그림자선생님 역할 수월하겠구나 싶었네요.

안국역에서 팀별 집결 후,

각자의 역할, 미션 수행사항 지침과 당부사항 등등을 상기시킨 후 목적지로

출발.

시작부터 무조건 뛰고 보는 아이들.

이른 시간이라 상가는 이제야 서서히 문을 열고 영업 준비를 시작하고 있고.

아이들은 순식간에 인사동 끝자락까지 이동했다가 다시 되돌아오고… 되돌

아오다가 고학년답게 뛰는 법 없이 느긋하게 걷는 형아 누나도 만나고….

우선 먹는 문제부터 해결하자고 10시 반인데 점심부터 먹자고 의견 통일.

식당 선정 메뉴 선정도 빠르게 만장일치로 결정!

하지만 아직 개시전이라고 쫓겨났지요.

다시 또 쌈지길 왔다갔다 되돌아오다 저학년 동생팀도 만나고.

결국 싸온 간식을 꺼내 먹는 걸로….

간식을 다 먹은 후 기념품 가게 둘러보는 중….

• • •

이때부터 서서히 시작된 논쟁!

제공된 팀비를 어떻게 쓰느냐….

먹는 게 가장 우선인 아이.

점심 한 끼 포기해도 좋으니 체험과 기념품을 사고 싶다는 아이.

나눠 준 팀비를 1/n로 똑같이 나누
어 각자 쓰자는 아이.

점심은 반만 서로 나누어 먹고 기념
품도 나누어 갖고 간식도 그 안에서
어떻게 해결해 보자는 아이.

도무지 서로 의견이 좁혀지지 않

아 점점 각자의 논리를 설명하고, 강하게 주장하기도 했다가 고집도 부려

보고….

이때 의사결정권을 두고 더 적극적으로 나서기 시작한 이끄미와 살림이.

모두의 의견을 다 듣고 조율해 보도록 이끄미를 독려하고,

최종 비용 사용건에 대한 승인권은 살림이의 권한으로….

쉬이 결정이 나지 않아 결국 식당으로 와서도 계속되는 논쟁….

어제부터 의견을 모으고 뭔가 결정하는 과정들이 빠르고 조화로웠는데,

이 돈 문제에서만큼은 치열하더군요, 한 치의 양보도 없이….

하지만, 아이들은 놀랍도록 차분했고 진지했고 이성적이었으며 합리적이었

고, 현실적이었습니다. 예상 밖으로 음식값(9,000원)이 비쌌고,

고른 메뉴마저 식성이 각자 다릅니다.

쉬이 주문을 하지 못하고 계속되는 아이들의 의견 수렴과 조율과정..비용을 좀 더 아껴 보기 위해 식당주인에게 음식 값 좀 깎아 달라는 아이도 있고….

지켜보다가 결국 팀비를 만 원 추가 지원토록 했더니(인당 만 원) 아이들은 이에 더 실속 있는 세트메뉴(22,000원)로 선정해서 나누어 먹는 걸로.

기념품을 위해 점심을 아예 안 먹어도 좋다는 아이도 생기고….

하지만 그럼에도 불구하고 "너 배고파서 안 돼" 하며

친구 그릇에 음식을 가득가득 나누어 담아 주는 모습이 뭉클했답니다.

난 이걸로 부족해~ 아직 배고파~ 하다가도, 그래 남은 돈으로 간식 먹으면 되지~ 로 정리되고….

점심을 다 먹고 나서도 또 문제.

세트메뉴로 먹다 보니 인당 나누어 떨어지지 않는 계산이라, 남은 돈 또 어떻게 처리할지….

하지만 놀라운 건 무조건 자기주장만 하는 게 아니라 서로의 이야기를 들어 주고 입장들을 살펴 주는 모습이 감동이었답니다.

살림이 재량껏 기념품을 사도록 환전하여 3천 원씩 나누어 갖기도 하구요.

3,000원짜리 장난감을 사면서 주인장에게 가격 할인을 받아내기도 하는 군요.^^

배도 채웠고, 기념품 쇼핑도 마치고.

목적지(대한민국 역사박물관)를 향해 이동….

길은 헤매도 무료시식은 놓치지 않고… 신나게 신나게!

그런데… 갈수록 모릅니다, 어디로 가야 할지….

들여다보고 또 들여다봐도 어느 방향인지,

스마트폰 네비게이션을 봐도 모르겠고….

길 가는 사람에게 물어봐도 모르쇠~

결국 방향을 잘못 잡아 엄청 헤매다가 되

짚어 오기.

종각 지나고 광화문역 지나고… 드디어 대

한민국 역사박물관 도착!

이성적이고 합리적인 아이들이라 군더더

기 없이 시간을 쓰려 하네요..

주제에만 충실하기로.

2인1조로 다시 역할 배정을 하고 자료수집에 나서는 걸로….

마무리까지 알차게 보낸 기행 프로젝트.

내일도 기대되네요.

출처: 1월 알척 미니기행 프로젝트 현장스케치(2일차) (알아서 척척) | 작성자 향초 노선미

향초 노선미 선생님의 2일차 학생들의 기록일지는 학생들이 어떤 학습 목표를 실행했느냐에 초점이 있는 것이 아니라, 학생들의 협업 능력, 의사소통 능력, 문제해결력 등에 초점을 두고 학생들을 관찰한 것을 볼 수 있다.

그림자교사로서 3~4학년 학생들의 행동과 대화 내용을 유심히 관찰하고, 학생들이 어떤 상황에 놓였을 때 합리적으로 문제를 해결하는 방법을 지켜보는 등 묵묵히 지켜보는 역할만 했을 뿐인데, 학생들은 어른들 못지않은 문제해결력을 보여주었다. 3~4학년은 타인에 대한 이해 능력과 공감 능력을 기를 수 있는 단계이기 때문에 관계를 형성하는 데 의미를 둘 수 있는 학습 기회를 제공하여 주는 것이 효과적이다.

그러므로 개인적인 역량보다는 공동체 역량을 신장하는 학습이 많을수록 좋다. 공동체의 성장이 곧 개인의 성장으로 이어지는 성공 경험을 느끼게 해주어야 한다. 따라서 팀원들이 협력하면서 문제를 해결할 수 있는 프로젝트를 구성하는 것이 좋다.

수행 과제를 해결하는 과정에서 가장 어려운 점은 모둠원 간의 갈등이다. 위의 기록을 보면 3~4학년 학생들이 주어진 예산을 어떻게 사용할지, 음식을 시키면서 서로의 요구 조건이 다를 때 어떻게 합리적으로 결정하며, 어떻게 소외되는 친구들이 없도록 결정해야 하는지에 초점을 두고 수업이 진행되었음을 알 수 있다.

이와 같은 학년의 특성에 맞는 활동 결과에서 나온 '관계의 힘'은 고

학년으로 갈수록 더 어려운 문제를 해결할 수 있는 개인 역량의 초석이 된다.

• • •

같은 시간대에 1~2학년도 똑같은 상황에서 길을 찾는 어려움을 겪었다. 1~2학년은 다른 학년보다 더욱 세심하게 프로젝트 수업에 참여시켜야 한다. 학생들의 경험을 바탕으로 주제를 선정하여 호기심을 자극하여야 한다.

그래서 다른 학년이 역사에 관한 조사를 하였다면, 1~2학년은 자신들이 좋아하는 위인을 선정하여 그 위인에 대해 조사해 보는 활동을 선정하였다. 학생들은 다양한 위인전을 읽고, 그중에서 토의를 통해 '세종대왕'을 선정하여 조사하기로 하였으며, 조사를 위한 장소를 광화문으로 정하였다.

교사는 프로젝트를 학생들이 직접 체험할 수 있는 여러 가지 활동으로 구성하고, 학생들로 하여금 자신의 생각을 다양한 방법으로 표현하도록 해야 한다.

1학년은 아직 한글이 미숙하여 우리는 그림이나 발표를 통해 표현하게 하였다. 1~2학년이 지도를 보는 것은 매우 어려운 문제였고, 3~6학년처럼 의사소통이나 문제해결력이 뛰어나지도 않았기 때문이다. 처음 수업을 진행할 때 '프로젝트'라는 용어를 설명하는 데도 큰 어려움을 겪었으니, 그냥 선생님을 졸졸 따라다니는 것이 더 쉬운 수업이었을 것이다.

1~2학년은 프로젝트 수업에 참여하고자 하는 열의는 높지만, 끈

기가 부족하고 결과를 만족스럽게 달성하는 데 어려움이 있기 때문에 쉽게 포기하는 경우가 많다. 그럴수록 더욱 교사는 학생들이 과제를 마칠 수 있게 도와줌으로써 성취감을 기를 수 있도록 조력자의 역할을 해주어야 한다.

1~2학년 아이들은 식당을 못 찾고, 길을 잃어 다리가 끊어질 만큼 고생하였지만 포기하지 않았고, 포기하려는 친구들을 응원하고 독려하며 함께 걸어갔다. 목적을 이루자 너무나 행복해하고 신나하는 어린이들을 보며, 그림자교사로서 아이들에게 판단하고 결정할 수 있는 기회를 주고, 기다려 주었다는 것에 뿌듯함을 느꼈다. 학생들에게 내적 동기를 강하게 부여해 주는 것만으로도 프로젝트 수업은 큰 성과를 이루었다고 생각한다. 그리고 1~2학년 아이들은 역사박물관을 찾아가 세종대왕을 알아보는 것보다도 더 큰 학습 목표를 이루었다고 생각한다.

· · ·

일반적으로 프로젝트 수업은 하루나 이틀 만에 끝나는 것이 아니라 적어도 한두 주 이상 지속되어야 하는 경우가 많다. 하지만 우리가 진행했던 미니프로젝트 수업은 3일간에 걸쳐 기획서 작성 및 회의, 기획에 따른 실행, 프로젝트 수업의 결과 발표까지 밀도 있게 진행되었다. 학년이 다르고, 사는 지역이 다르고, 정해져 있지 않은 공간에서 학생들의 안전과 더불어 어떤 결과가 나오게 될지도 불투명한 상태에서 진행된 프로젝트의 결과는 만족스러웠다고 할 수 있다.

한 차시 수업이 한두 개의 학습 목표를 지니고 있는 것과 달리 프로젝트 수업은 그 속에 여러 개의 학습 목표를 지니고 있으며, 여러 개의 차시와 활동, 과제를 내포하고 있다. 어찌 보면 중구난방인 수업처럼 보일 수 있지만, 학생들에게는 선택권과 자율성을 줄 수 있다는 장점도 있다.

프로젝트를 계획할 때는 프로젝트 속의 모든 부분이 유기적으로 연결되어야 한다. 너무 거창한 프로젝트를 기획하다 보면 '학생 의견과 선택권'이 배제될 수 있다. 반대로 너무 느슨하게 계획을 세우다 보면 시간이 낭비되고 학생들이 엉뚱한 곳에 에너지를 낭비하여 학습 목표를 달성하지 못하게 된다.

처음 프로젝트를 기획할 때 교사가 너무 무리한 계획을 세우는 경우가 많다. 학생들에게 선택권을 주는 비중도 때에 따라 달라야 한다. 학생들에게 직접 프로젝트 목표를 설정하고, 학습 결과물과 결과물의 전시 방법을 결정하게 하는 등 학생들에게 많은 비중의 선택권을 주는 경우도 종종 있다.

그러므로 프로젝트를 기획할 때 교사는 '적절함'을 잘 유지해 주어야 한다. 학생과 교사는 적절한 선을 유지하여, 교사는 학생들에게 수업의 흐름과 학습목표를 명확히 제시해 주어야 하며, 프로젝트의 경험도에 따라 수업의 방향을 잡아 주어야 한다.

*1월 알척 미니기행 프로젝트 수업(수업을 마치고…)

2018년 1월도 금세 지나고 벌써 2월이 되었네요.

아이가 학생인 엄마들은 아이들의 학교 일정에 1년이 열리고 닫히는 것 같습니다. 2018년이 되었지만, 아이들 학년이 바뀌지 않아 아직 2017년에 있는 것 같네요. 3월이 되면 다시 새해를 시작하듯 새 학년을 시작할 것 같습니다.

그래서 그럴까요? 2018년 1월에 진행한 미니기행 프로젝트는 2017년을 결산하는, 좀 더 정확히 말하면 2015년부터 시작한 '알아서 척척'을 한번 정리하는 자리였던 것 같습니다. 본래 하고 싶었던 프로그램, 그 이름을 무엇이라 불러야 할지는 모르겠지만, 현재 우리들이 알고 있는 수업 방식에 가장 근접한 이름은 프로젝트였습니다.

프로젝트 수업에 대한 다양한 장단점이 있지만, 개인적으로 장점 중 하나를 꼽으라면 실제와 같은, 보호된 세상에서 공동의 문제를 해결해 가는 것이라고 생각됩니다. 스스로 찾은 문제를 함께 공감하고 함께 해결해 가는 과정. 단, 어른들과는 달리 낙오자 없이 다 같이 가야 하는 조건이 있는 수업.

어떻게 하면 낙오자 없이 모두가 동의할 수 있는 결론에 이를 수 있을까를 고심하고 실천하는 과정에서 배움이 일어나는 수업, 공동의 문제 해결을 위해 나의 강점과 보완점을 친구를 통해 자만심이나 상처 없이 알게 되는 과정(물론, 아이들은 그것도 모르고 힘들지만 해야 하니 하게 되고, 함께하니 즐겁고 그렇게 끝까지 가게 되지만 말입니다.) 그 과정에서 아이들은 우리의 상상을 뛰어넘는 잠재력을 발휘하는 것을 직접 경험했고, 그럴 수 있다고 믿기에 우리 아이들에게 똑같은 경험을 갖게 해주고 싶었나 봅니다.

10여 년 전, 첫사랑처럼 간직하고 있던 전인학교 프로젝트 수업의 경험을 우리 아이들에게, 아니 좀 더 많은 아이들이 경험하기를 바랐던 우리들은…우리 아이들을 대상으로 실험해 보자~~ 안 돼도 우리가 책임지면 되지~~ 우리 아이들이니까…라는 생각으로 방학 중 무박 3일 프로젝트를 했습니다.

역시나 엄청 고민이 되었습니다. 1학년부터 5학년까지 프로젝트가 가능할까? 그간 진행했던 과자집 프로젝트, 아나바다 프로젝트, 여름캠프 프로젝트들은 모두 한 공간에서 먹고 자며 숙박을 통한 활동 중심의 프로젝트였는데, 학교 다니듯 3일을 진행하는 것이 가능할까 많은 의구심이 들었습니다.

첫 미니기행 프로젝트이니 장소와 주제를 좁혔고, 프로젝트의 전 과정을 밟아 보는 것으로 정리했습니다. 저학년, 중학년, 고학년으로 나눠 첫날, 기획하고 발표하고, 피드백하고, 보완 후 기획서를 작성하고, 둘째날, 기획에 따라 기행을 하고, 셋째날, 결과를 발표하는 절차를 밟아 보았습니다.

걱정과 달리 우리들은 많이 놀랐습니다. 아이들이 언제 그렇게 성장했는지 척척 해내는 것이었습니다. 시간이 매우 길다고 생각

했는데, 책을 보며 자료를 조사하느라 기획 시간이 너무 짧았고, 팀 역할이 마음에 들지 않아 어떻게 해결해야 할까 고심하였지만, 다름을 인정하며 정리해 나가는 모습을 보았습니다. 기행 중 선생님은 그림자로 아이들이 어떤 결정을 하든 지켜보았고, 그냥 묵묵히 따라가는 것만 했습니다.(그림자도 쉽지 않더군요.)

마지막 날, 제한된 시간에 제한된 주제를 명확하게 전달하기 위해 대본과 사진자료를 골라 발표 자료를 만들고, 장난스럽던 예행연습과 달리 부모님들이 오시니 의젓하게 발표하는 모습이 참 예쁘더군요. 잘 될까 걱정을 많이 했는데, 너무나 훌륭하게 과정을 이끌어 가는 아이들을 보며, 아이들이 마음껏 펼칠 수 있는 자리와 조건, 그리고 기다림이 가장 훌륭한 선생님이라는 생각을 해봅니다.

2018년 '알아서 척척'은 또 어떤 모습으로 나갈지 몹시 궁금해지는 미니프로젝트였네요. 매회 달라지는 모습~~ 아이들보다, 어쩜 우리 세 엄마들에게서 '가능성'이라는 낱말이 성장하고 있는지도 모르겠습니다.

출처: 2018년 1월 '알아서 척척' 미니기행 프로젝트(알아서 척척) | 작성자 맑은솔

고학년 프로젝트 수업의 핵심은 교사가 창의적이고 통합적인 형태의 프로젝트를 기획하고 학생들이 배움을 주도할 수 있도록 하는 것이다. 교사는 학생 스스로 문제를 해결하기 위해 다양한 도전을 하도록 격려하고 지도해 주어야 한다.

교사는 프로젝트 수업에서 강의식으로 진행해야 할 부분과 문제해결식 접근을 해야 할 부분을 구분하고 판단할 수 있어야 한다.

프로젝트 수업을 마치는 과정에서는 교사가 학생들에게 전체 수업 내용을 요약하는 디브리핑(Debriefing)을 꼭 해주는 것이 좋다. 전체적인 내용을 효과적으로 요약하고 정리하는 시간을 갖는 것도 지식에 대한 부족한 설명을 보완할 수 있는 좋은 방법이다.

프로젝트 학습은 교사의 치밀한 단계별 수업 전략과 설계에 따른 수업 활동이다. 먼저 교사가 주제를 선정하고, 조사 연구의 방향과 포인트에 초점을 맞추어 제시한 학습 활동 유인물을 근거로 그룹별로 문헌자료와 텍스트, 인터넷 등의 여러 자료를 수집하고, 여기서 추출한 정보와 지식들은 학생들의 자율적인 토의과정을 거쳐 최종적인 결과를 이끌어 낸다. 그리고 학생들은 발표와 평가에 대비한 평가 기준에 따라 자신들이 조사한 것을 여러 방식을 통해 하나의 작품으로 만들어 낸다. 특히 학생들은 하나의 답을 추구하는 것이 아니라, 조사 과정에서 문제를 맥락적으로 사고하고 그에 따른 해

> 어린이의 교육은 과거의 가치 전달에 있는 것이 아니라, 미래의 새로운 가치 창조에 있다.
>
> – 존 듀이(교육학자)

결 가능성을 스스로 찾아가며 그 속에서 최선의 해결 방안을 선택하려고 한다. 결국 선택을 위한 과정과 판단을 자기 주도적으로 이루어가는 과정에서 학생들은 자신들의 사고를 끊임없이 생성하고 만들어가고 있는 셈이다.

학생들에 의해 이루어지는 이러한 문제 해결의 선택적 다양성이 격려되고 인정받는 수업 현장은 다양한 생각과 가치를 인정하는 이른바 다양성이 상호 작용하는 문화로 나아가게 된다.

3장

프로젝트 수업
빚어 보기

1. 프로젝트의 핵심

지금 아이들에게 필요한 영양소

당당한 삶의 주인들!!

역할 분담, 공동작업, 문제해결

어느새 내 안에 와 있는 집단 지성

한 계단 위에 올라서서 보게 되는 나

프로젝트가 끝나면 발견하게 되는 나의 모습

우리 아이들은 어릴 적부터 프로젝트 수업과 연관된 캠프에 참여하였다. 내가 대안학교와 연이 있어서 더 많은 기회를 얻게 된 행운도 있었기에 가능한 일이었다.

아이가 유치원에 다닐 때 대안학교에서 하는 겨울방학 봉사캠프에 참여시켰다. 그때는 형, 누나들 사이에서 따라다니며 활동만 하는 수준이었다.

떡잎캠프에 참여한 유아 때 모습

이 사진은 떡잎캠프에 참여하여 달동네에 가서 연탄을 배달해 주는 봉사캠프 사진이다. 학교에서는 어린 아이들을 위해 떡잎캠프를 마련해 주었고, 나의 큰아이는 5살부터 그렇게 프로젝트 수업에 참여하게 되었다.

프로젝트 수업은 창의성 향상과 원활한 의사소통을 통해 인간관계와 사회성 증진, 리더십 기술 발달, 문제해결력 향상 등 21세기가 요구하는 핵심 역량을 기르는 수업이기도 하지만, '**인성**'이 기본 바탕이 되어 이루어져야 한다고 생각한다.

• • •

'인성'의 사전적 의미는, 내적 동기나 욕구와 이들의 표현을 조절하거나 제한하는 내외적 통제 간의 화해를 나타내는데, 이는 개인과 그의 환경 간에 안정적이고 호혜적인 관계를 유지하는 기능을 하기 때문이다. 달리 표현하면, 인성은 일상생활을 유지하기 위한 개인의 방법을 특색지우는 일련의 습관이라 할 수 있다.

너무 어릴 때 프로젝트 수업을 참여하면 문제해결력이나 의사소통 능력을 신장시키는 데 별 도움이 되지 않는다고 생각하여 고학년부터 프로젝트 수업이 적용되는 것이 옳다고 주장하는 경우도 있다. 하지만 프로젝트 수업은 21세기가 요구하는 핵심 역량으로서 뿐만 아니라, 학생들의 '인성'을 키워 주는 데도 큰 역할을 한다. 인성교육은 프로젝트 수업 내에 스펀지처럼 스며들어 있다.

이와 같은 사전적 의미처럼 '인성'이란 거창한 의미가 아니다. 일상생활을 유지하기 위한 일련의 습관일 뿐이다. 안정적이고 호혜적인 관계를 위한 어쩌면 단순한 기능일 뿐이다.

프로젝트 수업을 통해 참을성을 키우며, 인내력을 기르게 된다. 프로젝트 수업을 통해 배려심을 키우며, 따뜻한 마음을 기르게 된다.

이런 당연한 인성을 키워 주는 데에 우리 교사와 학부모는 얼마나 노력하고 있으며, 정성을 기울이고 있을까? 더 중요한 것을 놓치고 있지는 않을까?

이 아이들은 어릴 때부터 일반학교를 다니면서, 주말이나 방학 때 꾸준히 프로젝트 수업을 함께하며 함께 성장하였다.

저학년 프로젝트 수업

아이들에게 프로젝트 수업을 하는 시간은 일반학교에서 탈출할 수 있는 탈출구였으며, 자유롭게 자신의 생각을 펼치고 마음껏 뛰어놀 수 있는 시간이었다.

진지하게 자신의 생각을 말하고, 학년에 상관없이 어울리며 자신들의 성장에 필요한 영양소를 충분히 얻어가며 아름다운 꽃을 피울 준비를 하며 자라나고 있었다.

프로젝트 수업은 교사가 의도하여 수업을 구상하고 그 의도대로 수업이 실현되는 경우도 있지만, 의도와 전혀 다른 방향으로 흐르거나 일어나지 않아도 될 일들이 일어나기도 한다.

하지만 모든 프로젝트 수업 속에서 일어나는 활동들은 나름의 의미가 있으며, 학생들의 성장에 영향을 끼치게 된다.

프로젝트 수업은 아이들이 내적인 성장과 외적인 성장을 함께 경험할 수 있으며, 즐겁게 함께 성장할 수 있는 수업이다. 우리 아이들이 아름답게 자라기 위한 영양분을 섭취할 수 있는 커다란 장이 아닐까 생각한다.

교사와 부모는 나의 아이가 자라는 데 있어 정말 필요한 영양소가 무엇인지를 직시하여야 한다.

대학이라는 목표 때문에 치열하게 학원을 다니고, 과외를 받으며 기계적인 인간으로 성장하여, 진정 자신이 누구인지, 무엇을 하고 살아야 하는지를 모르는 채 살아가는 사람으로 만들 것인가? 아니면, 사회 속에 공존하는 한 인간적인 존재로서 자신의 생각을 분명히 말하고, 다른 사람의 이야기를 귀 기울여 듣고 존중할 줄 알며, 어떤 일을 하고 살아야 할지를 깊이 있게 고민하고, 선택한 그 무엇에 대해서는 책임을 질 줄 아는 사람, 창의적인 생각과 관념으로 인생을 풍요롭게 살 수 있는 사람으로 성장할 수 있게 할 것인가? 이를 위해서는 부모나 교사가 길을 터 주어야 한다.

아이들이 최종 선택은 하겠지만, 교사와 부모는 나침반과 이정표를 제시하여 주어야 한다. 그러기 위해서는 교사와 학부모도 지혜롭고 현명해야 한다. 그리고 깊이 있게 교육에 대해 고민해야 한다. 학생들에게 어떤 영양소를 줄 것인지?

엄마들의 소망, 그리고 '알아서 척척'

처음 두 분을 만나게 된 것은 대안학교에서 교사생활을 할 때였다. 대안학교 내에서 이 두 분을 만난 적은 없지만, 아이 둘을 키우면서 어찌 인연이 되어 만나게 되었다.

사람의 인연이란 게 맺으려 해도 맺기 힘들고, 끊으려 해도 맺어지는 것인가 보다. 이 두 분을 만난 것은 지금까지 살아오면서 내가 만난 인연 중 가장 큰 행운이라는 생각이 들 정도로, 두 분은 배울 점이 많고 존경스러운 내 인생 멘토들이다.

10년 전 만난 그분들과 아이들을 같이 키우면서 육아정보를 교환하고, 광주, 대전, 서울에 흩어져 살면서도 한 번씩 아이들을 데리고 만나 마음을 나누고, 교육에 대한 꿈을 놓지 않았었다.

어린 아이들을 앉혀 놓고, 조금은 실험적인 교육을 해보고자 이야기를 나누었으며, 6명의 아이들이 고등학교 즈음 되면 아이들끼리 배낭여행을 가서 넓은 세상을 바라보고 오기를 고대하였다.

그렇게 아이들이 유아기를 거치고 5살 즈음부터 대안학교 프로젝트 수업에 참여하기 시작하면서 끊어졌던 대안학교와의 인연이 시작되었다.

우리는 전인학교에서 진행하는 프로젝트 수업에 관심을 갖기 시작

했고, 일반 공립학교에 다니던 우리 아이들의 교육에 대한 갈증이 생겨나기 시작했다.

그렇게 10년이란 세월이 흐를 즈음 우리는 우연치 않게 서울, 경기에 모여 살게 되었고, 다시 의기투합하여 뭉치게 되었다. 우리 아이들에게 엄마들이 꿈꾸는 교육을 실현시켜 보고 싶었고, 우리가 꾸는 꿈을 누군가는 함께 공감하고 나눌 수 있을 것이란 생각으로 우리는 그렇게 모이게 되었다.

우리는 매번 만나 고민하였다.

어떤 교육을 하면, 아이들이 행복할까?

교사들이 어떻게 지도했을 때 아이들의 자존감이 높아질까?

아이들에게 대한민국이 원하는 공부를 시켜야 할까?

현 시대에 가장 필요한 교육이 무엇일까?

신나게 노는 것은 교육이 될 수 없을까?

공교육이 아이들에게 어떠한 영향력을 미치고 있는가?

엄마들이 직접 하는 교육은 아이들에게 어떠한 모습일까?

수많은 고민들 속에서 우리가 직접 교육 프로그램을 만들어 보기로 마음을 모았다. 그렇게 시작된 프로젝트 캠프가 '알아서 척척'이다.

내가 이 글을 쓰게 된 이유도 그것이다. 수업은 교사만 하는 것이 아니다. 아이들과 함께하려는 의지가 있고, 아이들을 행복하게 해주고 싶은 마음이 있고, 아이들을 웃게 해주려는 사람이라면 나는 충분히

프로젝트 수업을 기획하는 모습

교육이라는 것을 할 수 있다고 생각한다.

앞서 프롤로그에서 말했듯이, 난 교육이란 전문성만큼이나 사랑이 중요하다고 생각하는 사람이다.

우리 셋은 평범한 엄마였다. 다만 남들보다 조금 더 교육에 관심을 가졌을 뿐이며, 내가 만나는 모든 아이에게 행복한 교육을 해주고 싶었을 뿐이다.

엄마 셋은 사는 곳도 달랐고, 살아온 환경도 너무 달랐다. 하지만 교육에 대한 방향성은 비슷했다. 그래서 시작했다. 아니, 도전했다.

그것은 무모한 시도이기도 했다. 우리는 교육을 시작하기 위한 기본 밑천이 전혀 없었기 때문이다. 비빌 언덕을 찾아 전인학교를 모델로 삼았지만, 학교처럼 특별한 공간이 있었던 것도 아니고, 우리가 가르쳐야 할

> 부모만큼 가장 자연스럽고 적합한 교육자는 없다.
>
> – 헤르바르트

학생들이 있는 것도 아니었다. 기본적인 학교, 학생, 학부모가 없었음에도 불구하고 우리는 우리만의 작은 학교를 만들었다.

나는 생각한다.

교육은 누구나 할 수 있다.

하지만, 마음이 있어야 한다.

그 마음의 중심에는 아이가 있어야 한다.

● 기획회의 ●

방학을 맞은 아이들을 둔 세 명의 일하는 엄마가…

'알아서 척척' 집중 기획회의를 위해 시간을 확보하여 서로 시간을 맞추어 만나기는 쉽지 않음에도 불구하고, 세 명의 엄마가 마음을 내면 뭐든 일사천리로 진행되어 간다.

아이들은 아이들대로, 엄마들은 엄마들대로,

함께하는 내내 행복하고 즐거운 시간.

각자 집이 먼 이유로 장소와 때를 바꿔 가며 수차례 엎치락뒤치락 마음들을 모으고 준비하며 어느 것 하나 놓치지 않으려고 애썼던 시간들이었다.

집중회의 시간 확보를 위해 아이들을 영화관에 넣어 놓고, 지하철 표 한 장만을 쥐어 준 채 놀다가 식사 때가 되면 회의장소로 찾아오라는 미션을 주기도 했다. 우리 세 엄마의 아이들은 엄마들의 회의 시간에 맞추어 나름의 프로젝트 수업을 체험하고 있었던 것이다.

또 어떤 때는 시간이 안 되어, 1박 2일 여행을 가서 함께 놀면서 아이들의 마음을 헤아리며 프로그램을 기획하기도 하였다.

그 과정에서 드러난 모습을 통해 서로의 깊이 있는 성장을 돕기 위한 진지한 조언들과 쏟아내는 깊은 속울음까지….

내 안다. 다 안다. 다독여 줄 수 있는 소중한 분들과 함께라서 더없이 행복한 시간들… 아! 그러고 보니 우리 세 명의 엄마들 진짜 정말 정말 애쓰고 있었네….

관계의 시작이 언제부터 어느 지점부터였는지는 가늠이 잘 안되지만, 서로의 가능성을 찾아내 주고 부족함은 서로서로 채워 가며 이렇게 아름답고 멋진 분들과 함께여서 정말정말 행복하다.

우리 세 명의 교사에게는 나름의 성향과 교사로서 갖는 장점과 단점들이 있다. 이러한 부분들이 조화롭게 어우러졌기 때문에 캠프에 다양한 기획들이 도출되지 않았나 생각한다.

맑은솔 김송숙 선생님에게는 규칙 준수와 계획과 과정에 대한 단호함과 엄정함이 있다.

해봄 노선미 선생님에게는 학생들의 마음이 다치지 않게 어루만져 주는 감성적인 부분이 있다.

따뜻한 김석주 선생님에게는 발랄함, 개구쟁이, 유머가 있어 학생들을 재미있게 해준다.

첫 프로젝트 수업을 시작하며

처음 교사 3명과 아이들 6명으로 시작해서, 2016년에는 친구들이 모이고 모여 15명으로, 등산 위주로 하여 아이들 체력 키우기를 목표로 시작….

서로 알고 이해해 주는 관계이다 보니 잦은 실수나 어설픔도 서로 이해해 주고 배려해 주었다.

2017년 알척 캠프를 할지 말지 망설이던 우리는, 또다시 하고 싶다는 아이들과 엄마들의 바람으로 다시 문을 열게 되었고, 홍보를 하지 않았는데도 어느새 30명이 넘어 버렸다.

우리 교사들은 캠프 전문가도 아니고, 프로그램 짜는 데 능숙하지도 않다. 든든한 예산지원이 되는 것도 아니고, 경험이 풍부한 것도 아니다. 오직…우리들은 엄마 같은 마음… 내 아이를 위해 시작한 캠프…프로젝트 수업!

내 마음처럼 다른 엄마들도 자식 키우는 마음이 똑같겠지… 함께할 수 있다면 함께 교육을 고민하고 바꾸어 나가면 참 좋겠다는 마음으로 이렇게 한 발짝 한 발짝 나아가고 있다.

다행히 지금 모인 부모님들은 그런 우리의 마음을 잘 공감해 주시고, 함께 동참해 주시니 더할 나위 없이 감사할 따름이고… 든든하게 응원해 주시니 더욱더 힘이 나고 감사하다.

아이들도 순간순간을 최선을 다해서 활동해 주고 즐겁게 즐기는 모습에 역시 '알아서 척척' 어린이구나 하는 감동을 받게 된다.

우리의 '알아서 척척' 캠프는 프로젝트 수업이다.

짧은 시간 무슨 프로젝트 수업이겠나 싶지만, 아이들이 일반학교에서는 경험할 수 없는 스스로 알아서 할 수 있는 프로그램들과 마음껏 친구들과 함께 뛰어놀 수 있는 장점들이 있다.

간단히 말하면 미니 프로젝트 수업이고, 여름방학과 겨울방학 2회에 걸쳐 진행될 전인학교 숙박형 프로젝트 수업 참여를 위한 준비단계라고 할 수 있다.

개인적으로 나는 공교육, 대안학교, 국제학교 근무를 모두 해본 교사이고, 교육의 본질을 몸소 체득했으며, 어떤 교육이 아이들에게 필요할지 절실히 느낀 한 사람이다.

그래서 교육은 촘촘히 짜인 교육과정, 화려한 교육시설보다 교사의 마음이 학교라는 울타리 안에서는 무엇보다도 중요하다고 생각하며, 아이들이 스스로 체득할 수 있는 교육이 산교육이라는 것을 너무 잘 알고 있다. 그런 면에서 우리 '알아서 척척' 캠프와 전인학교 교육은 내가 경험한 교육 중에서는 자부심으로 내세울 수 있는 교육이라고 할 수 있다.

아직은 체계도 없고 어설프지만, 끊임없이 고민하고 시도하며 도전을 두려워하지 않는 교사와 믿고 따라 주는 부모님들, 그리고 늘 즐거운 마음으로 참여하는 우리 어여쁜 아이들이 있다면 우리의 교육은 아름답게 숨 쉴 수 있음을 믿어 의심치 않는다.

출처: '알아서 척척' 프로젝트 캠프 기획 스토리~~ (알아서 척척) | 작성자 따뜻한 김석주

위 사진은 광명 구름산에서 시작한 첫 프로젝트 수업이었다.

등산 수업을 기획하였으며, 우리 여섯 아이들의 친구와 지인들을 대상으로 수업을 시작하다 보니 대부분이 초등학교 1~3학년 학생들이었다. 저학년 학생들을 대상으로 한 겨울 등산 프로젝트 수업이 첫 수업이었다.

그 당시 수업을 맡기로 한 나는 교통사고로 병원에 입원하였고, 한 분의 선생님은 개인적인 급한 일로 수업 진행을 돕지 못하였다. 그래

서 셋이 함께 진행하기로 한 수업은 시작부터 삐거덕거렸고, 몇몇 학부모님의 도움으로 그렇게 좌충우돌 프로젝트 수업을 시작하였다.

생각보다 어려웠고, 예상외의 일들이 벌어지면서 두려웠다. 등산 초입부터 지쳐 버린 아이들을 데리고 산행을 하는 것은 쉬운 일이 아니었다.

큰 꿈을 갖고 시작한 우리의 프로젝트 수업은 이렇게 좌절되는 줄만 알았다. 그때 우리가 포기해 버렸다면… 그렇게 3년이란 시간 동안 매달 수업을 진행할 수 없었을 것이다.

● 기획과정 ●

이런 이유로, '알아서 척척' 캠프를 기획할 때는 매번 수월치 않은 과정을 거치게 된다.

우리는 이 프로젝트 캠프를 왜 하는가?

나 자신에게는, 함께하는 교사들에게는, 그리고 참가하는 아이들에게는 어떤 의미가 있을까?

이 짧은 시간 동안에 우리는 '알아서 척척' 프로젝트 캠프를 통하여 과연 무엇을 드러내게 할까?

참가자 각자에겐 스스로 어떤 기회의 장으로 쓰이게 할 것인가?

이와 같은 수없는 질문과 고뇌로부터 시작한다.

매 회마다 이 고뇌와 질문들은 무한 반복된다.

단순히 아이들에게 fun과 active만을 제공하려는 게 아니라, 21세기의 교육 패러다임인 PBL(Project based learning: 프로젝트 기반 학습)을 통해 깊이 있는 성장이 될 수 있도록 기초를 다지는 과정으로 쓰고 싶은 목적성이 있기 때문이다. 또한 명확한 고백이 없는 기획이나 철학이 없는 프로그램은 자칫 애쓴 데 비해 정말 허무한 결과를 가져올 수 있기에 더욱 그렇다.

몇 차례에 걸친 기획회의를 통하여 방향을 잡고 아웃라인이 그려졌다 해도, 개별 모듈 개발 역시 그냥 뚝딱 나오는 게 아니다.

신청한 아이들의 성향들을 하나하나 파악하고….

몇 차례의 현장답사를 통하여 이동 코스와 소요시간을 고려해 가며 엎치락뒤치락 몇 번의 수정, 보완 과정을 더 거친다.

이번에 진행되었던 '알아서 척척'은 하반기 첫 포문을 여는 캠프로, 신규 참가자와 기존 학생들이 혼합 구성되어 더더욱 신경이 많이 쓰였다. 마음을 열고, 라포르를 형성하고, 교류와 소통을 통해 친밀감을 형

성하고, 과제를 이행하고, 스스로 평가를 통한 성과물을 살펴보고…. 이런 일반적 과정이 아니라, 한 번에 장을 펼쳐 놓고 핵심적인 부분만을 유추하다 보니… 이번 캠프는 **'더불어'**의 장으로 쓰고 싶었다.

'더불어~'의 즐거움 속에서 다양한 자신의 모습들을 드러내게 해보고 싶었다. 현대인들 중 어른이나 아이나 가장 힘들어하고 어려워하는 부분이 있다면 바로 이 '더불어'가 아닐까? 우리 아이들은 과연 이를 어떻게 즐기고 어떻게 드러낼까?

출처: 9월 '알아서 척척' 프로젝트 캠프 기획 스토리~~ (알아서 척척) | 작성자 향초 노선미

● '알아서 척척' 3차 수업 계획서 ●

눈에 보이는 것만 믿는 세상입니다. 모든 것을 결과로만 평가하는 사회입니다.

우린 우리 아이들이 행복하게, 당당하게, 자기 주도적으로 더불어

살기를 간절히 바랍니다.

그러기 위해서는 부모와 교사는 인내해야 하고 감수해야 합니다.

아이들이 행복해질 수 있는 발판을 만들어 주고, 아이들이 한 걸음 한 걸음 걸어 나갈 수 있게 기다려 주어야 합니다.

3차 '알아서 척척' 수업은 1차 때의 산행의 어려움들을 생각하면서 기획하였다. 즉, 교과서와 연계하여 보물지도 그리기를 배우면서 방위와 지도 그리는 방법을 설명하고, 함께 지도를 그려 보고, 보물을 직접 숨기고 다른 팀이 지도대로 직접 보물을 찾아보는 활동을 진행하였다.

학생들은 매우 흥미로워했으며, 너무나 다양한 반응들에 교사들도 흥미진진하게 지켜보던 수업이었다.

일반학교 수업에서는 지도를 그리는 방법에 학습 목표를 정하여 수업을 진행하였다면, 프로젝트 수업에서는 지도를 그리는 방법뿐만 아니라 지도를 그리는 과정에서 모둠 간에 협업 능력 및 의사소통이 형성되는 과정을 교사는 지켜볼 수 있었다. 또한 지도를 보면서 직접 보물을 찾는 활동을 통해 수업에의 집중도와 흥미를 높이고, 창의성과 호기심을 자극할 수 있었다.

우리 교사들은 아이들이 성장하고 더불어 관계를 형성하는 데 있어서는 어느 정도의 어려움, 극기가 뒤따르는 것도 필요하다고 생각하였기에, 보물찾기 수업이 끝나고 점심을 먹은 후에는 구름산 둘레길 걷기를 통해 끈기력과 관계력을 형성하는 데 주력하였다.

프로젝트 수업 3차를 마치고

- 장소 : 광명 시민체육관
- 참여인원 : 14명

프로젝트 수업을 하기 위해 매일 매일을 고민하고, 매일 매일 프로그램을 생각하며 이 날을 기다려왔습니다.

프로젝트 수업 자체에는 굉장히 많은 내용들이 함축되어 있고, 그 수업을 살려내기 위해서는 교사의 역량과 학생들의 적극성 또한 매우 중요합니다. 그래서 그러한 내용들이 살아나게 하려면 어떤 수업을 해야 할지 참으로 고민이 아닐 수 없습니다.

세 명의 교사가 수업을 기획하고 진행하며, 20명 내외의 학부모가 기대를 가지고 수업에 참여합니다.

모두의 조건에 만족할 수 없고, 모든 아이가 목표에 도달할 수는 없으며, 모든 아이가 목표에 도달하는 시간이 같을 수는 없습니다. 그리고 프로젝트 수업은 수행평가나 단원평가처럼 성적이 드러나는 것도 아니며, 문제집을 몇 번 푸는 성과에 미치지도 않습니다. 눈에 보이지도 않고 더디기만 한 이 길을 기

다려 주고, 함께 동참하며 아이를 믿어 줄 때만이 조금씩 변화가 보이지 않을까 생각합니다.

교육은 기다림이라고 생각합니다. 아이들은 따뜻한 눈으로 지켜보는 누군가가 있을 때 편안한 마음으로 성장할 수 있는 것입니다.

자! 그럼 이번 수업에 대해서 이야기해 보도록 하겠습니다.

이번 수업에서는 보물지도 그리기와 보물지도를 보며 보물찾기 활동을 하였습니다. 이 수업은 3, 4학년 사회 교과와 연계, 팀원끼리 목표 실행, 다른 팀원들에 대한 배려를 통한 지도 그리기, 팀원 간의 협력과 실행으로 보물찾기 등이 내포된 수업이었습니다.

이 수업을 통해 역시 아이들은 다양한 모습을 드러냈습니다. 보물지도 그리기 활동을 함에 있어 정확하게 그리는 모둠이 있는가 하면, 다른 모둠이 찾지 못하게 보물 표시를 여러 군데에 해 놓은 모둠도 있었습니다.

저는 이 활동을 할 때 아이들에게 여러 번 다른 팀을 배려하는 지도를 그리는 것이 좋겠다고 지도하였지만, 강요하지는 않았습니다. 그래야만 아이들이

배우게 되는 것이지요.

그림을 그린 아이들도 우리 팀이 정확하게 그리지 않음으로 인해 재미있긴 했지만, 다른 팀에게 불편을 주었고, 싸움이 될 수도 있다는 것을 깨닫기 때문이지요.

이 과정에서 교사가 정확한 목표 도달만을 원했다면, 아이들은 전혀 갈등을 느끼지 않게 활동하였을 것입니다. 프로젝트 수업은 정확한 수업 목표를 이루는 것이 목표가 아니라, 수업 목표에 도달하는 활동에서의 일련의 과정들을 아이들이 경험하고, 갈등하며 그것을 해결하는 것이 프로젝트 수업의 묘미라고 생각해 보았습니다.

아이들은 보물(동전 초콜릿)을 발견하고 나서도 또 한 번의 갈등을 겪게 됩니다. 보물을 분배하는 것이 문제였지요.

어떤 모둠은 정확하게 크기와 색깔 등을 고려하여 배분하고, 남은 것은 가위바위보로 정합니다.

전인 새싹 프로젝트 3차 세부 계획

1) 일시 : 2016년 3월 20일(일)

2) 장소 : 경기도 광명시 시민체육관 앞

   (장소는 아이들의 상황과 의견에 따라 변동 가능함)

3) 교통편 : 각자 이동

 - 같은 지역의 학생들은 모여서 직접 교통편을 찾아 오도록 함.

 - 부모가 그림자교사로 안전지도를 할 수 있음.

4) 신청 기한 : 2016년 3월 8일(화) ~3월 13일(일)까지

5) 지도교사 연락처

 - 따뜻한 김석주 010-3261-0142

 - 맑은솔 김송숙 010-2808-0616

 - 향 초 노선미 010-5539-6789

기본프로그램

일 시	시 간	활동 내용
3월 20일 (일)	10:00	광명시 시민체육관 앞 집결
	10:00~10:30	계획 세우기 (모둠 편성, 지켜야 할 사항 정하기)
	10:30~11:00	지도 그리는 방법
	11:00~12:00	보물지도 그리기
	12:00~13:00	점심식사 및 휴식
	13:00~13:30	보물찾기 활동
	13:30~15:30	도덕산 등반
	15:30~16:00	정리 조별 발표, 하산, 개별 귀가

초콜릿 보물

또 다른 모둠은 자기가 가져가고 싶은 만큼 가져갑니다. 어떤 친구는 굉장히 많이 가져가고, 어떤 친구는 한두 개만 가져갑니다.

어떤 모둠은 방법을 정하지 못하고, 논쟁을 하다가 결국엔 가장 평화로운 방법인 가위바위보로 자기가 가져가고 싶은 것을 선택해서 가져갑니다. 하지만 불만족스러운 친구들이 생기면서 또 다른 갈등에 직면하게 됩니다.

학교교육은 그렇지 않습니다. 선생님께서 싸울 일이 전혀 없도록 공평하게 나눈 후에 배분해 줍니다. 아이들에게 선택권이나 논쟁할 시간은 주어지지 않습니다. 왜냐하면 교과서 진도 나가기에도 바쁘기 때문입니다. 아이들은 그냥 맛있게 먹기만 하면 됩니다.

하지만, 프로젝트 수업은 아이들이 싸움을 통해 해결 방법을 찾고 화해하는 법을 배웁니다.

저는 프로젝트 수업을 통해 아이들이 보이지 않는 큰 성장을 하게 될 것이라고 믿어 의심치 않습니다.

더 많은 시간을 할애할 수 있다면 좋겠지만, 한 달에 한 번이라도 이 활동들이 아이들의 삶에 보이지 않는 힘이 될 것이라고 믿습니다.

출처: '알아서 척척' 4차 산행 캠프를 마치고 (알아서 척척) | 작성자 따뜻한 김석주

'알아서 척척' 4차 산행 프로젝트 수업을 마치고

"아이들이 한계를 뛰어넘어 보는 경험을 많이 하지 않아, 조금만 힘들어도 힘들다, 어렵다고 한다."

우리 캠프에서 없어서는 안 될 분, 매의 눈으로 아이를 관찰하지만 지켜보는 것만으로 아이 스스로 성장하도록 돕는 따뜻한 선생님의 말씀입니다. 그 말을 듣고 얼마나 무릎을 쳤는지….

저 어릴 때와 달리 요즘 아이들은 많이 풍족합니다. 애써 자신의 노력으로 무언가를 이뤄 낼 수 있는 조건을 만들지 않으면, 노력이 무언지, 한계가 무언지, 자신이 얼마나 가능성이 많은 존재인지, 한계를 뛰어넘었을 때의 기쁨과 즐거움이 무엇인지 확인할 길이 없어 보입니다. 물론, 아이들이기에 그 고통이나 상처를 최대한 적게 하면서, 그리고 스스로 치유하는 힘을 기를 수 있도록 도와주는 것이 교육에서 중요하다고 생각합니다.

힘겨움, 어려움과 함께 기쁨과 보람이 오는 경험을 작으면 작은 대로, 크면 큰 대로 자주 접하면 아이들은 진정한 기쁨과 삶의 의미를 체득하게 되고, 스스로 자신을 위한 목표를 세우고 실천할 수 있으리라 봅니다. 그것이 바로 자기 주도 학습이겠지요.

자기 주도 학습은 이런 바탕이 없이는 만들어지지 않는다고 생각됩니다.

그래서 이번 4차는 산행으로 했습니다. 2, 3차를 하면서 낮은 산을 오르는데도 불구하고 아이들이 힘들다 해서 힘들어도 할 수 있음을 느끼게 해주고 싶어 산행을 계획했습니다.

이번에는 과제를 스스로 찾기보다 과제를 교사가 제시해 주었습니다. 안전을 위해서….

'안전하게 더불어 정상에 오르기'가 이번 프로젝트의 주제였습니다.

각 모둠마다 과제를 해결하기 위한 실천과제를 한 가지만 선정하고 (많이 하는 것보다는 하나로 모든 아이가 실행할 수 있도록 했지요) 함께 산을 올랐습니다.

올라올 땐 힘들지만 즐거운 산행

산 정상에서

미세먼지가 걷힐 것이라는 예상과 달리 점점 심해져서 중간에 그만둬야 하나 하는 생각도 있었지만, 아이들이 고대했던 밧줄 등산이 있어서 그냥 올라가기로 하였습니다(부모님들이 많이 걱정하셨을 듯하네요). 안전 문제가 걱정되어 선생님 앞쪽으로는 먼저 가지 못하게 한 것이 못내 아쉽지만, 그래도 아이들 개개인의 특성을 많이 볼 수 있었습니다.

더불어 가야 하는데 전혀 다른 사람을 고려하지 않고 나만 내빼는 아이! 이끄미를 해보고 싶으나 자신이 없어 주저하는 아이! 발이 빨라 앞에 가야 성에 차나 더불어 가야 하기에 제일 뒤에 섰다가 앞으로 왔다 뒤로 갔다 하는 아이! 이끄미를 하면서, 당연히 이끄미 말을 들어야 하는 건데 아이들이 왜 내 말을 듣지 않는 걸까 속상해하는 아이!

이끄미 스타일이 마음에 들지 않아 반항하고 싶으나 의견을 내기보다 뱅뱅 돌려 이끄미를 속상하게 하는 아이! 그동안 동생 챙기느라 스트레스였을 텐데 와서도 동생을 챙겨야 하는 스트레스를 받는 아이! 모든 것을 계획대로, 약속

대로 해야 하는데 왜 그렇게 하지 않느냐고 투덜대는 아이!

어른들이 겪을 수 있는 작은 사회를 프로젝트 수업을 통해 겪으면서 그렇게 산 정상에 올랐습니다.

다함께 가게 되어 예상보다 시간은 2배로 걸렸네요. 함께하니까 힘들었지만 친구들이 있어서 재밌었다고 합니다.

정상을 내려와 정자에서 먹으려던 밥은, 허기진 아이들로 인해 정상의 어른들 틈에서 어수선하게 먹었답니다.~~ (이럴 때는 교사도 계획대로 안 되어서 스트레스를 받지요.)

되돌아오려 했던 코스를 변경하여 벚꽃을 보기 위해 반대쪽으로 내려갔고, 아이들은 꽃비를 보며, 인공폭포수 앞에서 비눗방울 놀이를 하며 마음껏 놀수 있었습니다.

벚꽃 축제로 인산인해여서 평가를 제대로 할 수 없었으나… 준비, 태도, 협동심, 안전, 배려 모두 100점 만점이라네요.

오르면서 맞은편 인왕산이 보여 다음에는 저기 가자고 했더니 "안 돼요. 힘들어요. 더워요." 하던 아이들은 그래도 다음에 또 오고 싶어 하네요. 알게 모르게 아이들은 힘겨움과 함께 자신의 한계를 뛰어넘는 경험을 하지 않았을까요?

1년 뒤, 프로젝트 수업을 통해 아이들이 어떻게 변해 있을지 궁금합니다.

출처: '알아서 척척' 4차 산행 캠프를 마치고 (알아서 척척) | 작성자 맑은솔 김송숙

프로젝트 수업의 메카(Mecca)

엄마들 셋은 4회차에 걸친 프로젝트 수업을 진행하면서 가능성과 할 수 있다는 자신감과 희망을 찾았으며, 그 희망의 빛줄기를 향한 부족함과 더 채우고 싶은 갈망에 목이 말랐다.

추진력도 강하고 할 수 있다는 자신감도 넘치며 불가능이란 없다고 생각하고 밀어붙이는 세 엄마는, 기존에 연계되어 있던 춘천의 전인학교와 수업에 대한 논의를 시작했다.

춘천의 전인학교는 내가 교직생활을 처음 시작했던 비인가 대안학교이다. 그곳에서 진행했던 역사프로젝트 수업은 내 인생에 새로운 교육관을 심어 주었고, 그때 했던 고생 또한 지금까지 교사생활을 하면서 갖게 되는 어떤 어려움에도 비할 바가 아니었다.

다른 한 분은 춘천전인학교에 계시는 인정 노지연 선생님이다. 지

교사 넷이 모여 회의하는 모습

금은 어려워진 대안학교에 남아 계시지 못하고 생업을 위해 잠시 학교를 떠나 계시지만, 오랫동안 대안교육을 지켜오셨다. 지금도 내가 만난 교사 중 가장 존경하는 분이고, 프로젝트 수업의 면밀한 부분까지 가장 가까이서 지도해 주신 선생님이시다.

이렇게 훌륭한 선생님들을 곁에 두고 있으면서, 프로젝트 수업을 우리끼리 진행하기에는 우리가 너무 애송이여서 도움을 요청하기로 하였다. 선생님은 흔쾌히 허락해 주셨고, 드디어 숙박을 할 수 있는 프로젝트 수업을 진행하기로 논의하였다.

• • •

인정 노지연 선생님을 만난 시기(그 당시를 회상해 보자면)에 나는 초임교사였다. 막 교대를 졸업하고, 작은 시골학교에서 체육전담교사로 2년을 보낸 것이 전부였다.

글의 앞부분에서 이야기했듯이, 처음 대했던 전인학교에 대한 청량하고 맑은 기운은 지금도 잊지 못한다.

나는 도시형 대안학교인 서울전인새싹학교에 처음 부임하여 학교를 짓다시피 하고, 통학버스를 직접 운전하며 지내고 있었는데, 5, 6학년 학생들을 데리고 양평 전인새싹학교에 가서 함께 프로젝트 수업을 하라는 임무가 주어졌다.

지금의 내가 어떤 상황을 만나더라도 당황하지 않고 주어진 일을 해낼 수 있는 이유는, 그 당시 정말 기가 막히거나 말도 안 되는 교육방법이나 상황들을 하도 많이 만났기 때문이다.

일단 아이들을 데리고 짐을 싸서 양평의 학교로 갔는데, 그곳에서 인정 노지연 선생님을 만나게 되었다.

양평에 있는 아이들은 대안교육으로 몇 년차를 공부하고 있었기에 매우 안정적인 분위기였다. 그 아이들을 데리고 우리는 역사 기행 수업을 기획하기 시작하였다.

교사는 나를 포함하여 총 세 분의 선생님이 팀이 되었는데, 우리 교사들에게도 아이들 못지않은 프로젝트가 진행되고 있었다.

"새로운 세계를 열고, 새 역사를 창조하라!"
- 역사는 내일이다.
- 내일을 본 자만이 내일에 선다.
- 나는 내일의 역사다.

이러한 모토를 가지고 역사 프로젝트 수업을 진행하였다.

우리는 먼저 학생들에게 역사에 대한 의식을 심어 주고, 왜 역사를 공부해야 하는지, 역사를 배우기 위해 어떤 수업을 기획해야 하는지에 대해 이야기를 나누었다. 그리고 우리는 역사를 공부하기 위해 직접 기행 프로젝트를 해보기로 하였다.

그렇게 우리는 공주(금강 자연휴양림), 부여(만수산 자연휴양림), 경주(토함산 자연휴양림), 강화도(함허동천 야영장), 서울(서울전인새싹학교)로 기행을 떠나기로 하였다. 3주간의 기행 프로젝트를 시행하기 위해 우리에게는 예산두 많이 필요했다.

그래서 학생들은 펀드를 만들어 예산을 모으기로 하였다. 기행을 다녀와서 책을 한 권 만들 계획을 세운 것이다. 펀드는 그것에 대한 예산을 투자받는 것이었다. 또 바느질을 배워 문걸이와 바늘쌈지를 만들어 판매하기도 하였다.

여하튼 기행을 떠나기도 전에 우리는 엄청난 프로젝트를 시행하였고, 그 당시 나는 정신없이 휩쓸려가기만 하는 것 같았다.

예산이 없었으므로 우리는 텐트 생활을 하기로 했다. 짐이 워낙 많고 차량은 없었으므로 학생들은 그림자교사 2명과 기차와 버스로 이동하였고, 나는 텐트와 학생들의 짐을 싣고 목적지에서 만나는 식으로 기획하였다.

그 짐들이 12인승 승합차에 백미러가 안 보일 정도로 가득 찼다. 어른들도 힘들어하는 텐트 생활을, 초등학교 5, 6학년 학생들이 기행 프로젝트라는 명목 하에 3주 동안 시행한 것이다.

그림자교사가 함께 있었지만, 학생들은 모든 것을 스스로 기획하고 결정해야 했으며, 자신들이 저지른 실수에 대해서도 모든 책임을 져야 했다. 시간 계산을 잘못해서 버스를 놓쳤다면, 걸어서 가는 방법까지 감내해야 했다.

늦게 도착하여 피곤해도 학생들은 그 어마어마한 짐들을 차에서 내려 각자의 텐트를 쳐야 했으며, 빨래도 직접 다 손빨래로 해야 했다. 장도 그날그날 봐야 했고, 직접 밥을 지어 먹고 정리까지 다 해야 했다. 비가 오더라도 어김이 없었으며, 새벽까지 다음 날의 기획회의를 하고 하루를 마디맺음 하는 회의를 하였다.

힘든 기행을 하다 보면 팀원들 간에 마찰이 생길 수밖에 없고, 규칙을 지키지 않아 불편을 주는 팀원들도 있었다.

그러한 모든 상황에 대해 학생들은 철저히 규칙에 대한 벌점을 제시하였으며, 다시는 똑같은 실수를 하지 않기 위해 늦은 새벽까지 졸린 눈을 비비며 회의를 하였다.

· · ·

당시 새내기 교사로서 그런 아이들을 지켜보던 나는, 저 작은 아이들에게서 어떻게 저런 거인 같은 힘이 나올까 하는 생각을 했다.

제일 기억에 남는 일은 기행 프로젝트가 중후반쯤 지났을 때 경주 토함산 자연휴양림에서 있었던 일이다.

그동안 모든 힘든 걸 잘 버텨 내고 이겨 냈던 아이들 중 한 명이 이제 더 이상은 못 하겠다며 펑펑 울기 시작했다. 그러자 하나 둘 방에 모여들기 시작한 아이들도 너 나 할 것 없이 부둥켜안고 펑펑 울기 시작했다. 그때 교사인 나도 가슴이 뭉클해져서 가슴으로 울었다. 사실 아이들이 너무 대견했고, 여기까지 온 것만 해도 너무 훌륭했기 때문이다.

그때 한참을 울던 아이들 중 누군가가 다시 힘을 내어 보자고 하였고, 아이들은 눈물을 닦고 다시 힘을 내기 위해 자신들이 할 수 있는 일에 대해 이야기를 나누기 시작했다.

그리고 놀랍게도 학생들은 다음 날 토함산 자연휴양림에서부터 석굴암까지 걸어가자는 결정을 내렸다.

그렇게 마음을 다진 아이들은 이른 새벽이 되자 차를 타고 올라가기로 했던 석굴암을 향해 걸어가기 시작했다. 그때 영화 속의 한 장면처럼 비가 추적추적 내리기 시작하였다. 하지만 아이들은 그 오르막 길을 끊임없이 웃으며 올라갔다. 비를 맞으며 걸었던 그 길은 6킬로미터가 넘는 거리였다. 어떻게 아이들은 웃을 수 있었을까?

어려운 고비를 하나 넘으면서 스스로 내면의 힘이 커지고, 더불어 함께할 수 있는 팀원들이 있다는 사실에 끊임없이 웃음이 나왔던 것은 아닐까 생각한다.

이것이 바로 **프로젝트 수업의 힘**이었다.

혼자가 아닌 함께여서 해결할 수 있으며, 자신들이 세운 수업과정을 스스로 해결할 수 있다는 마음의 힘을 발견해 내는 것!

4장

프로젝트 수업
틀 짜기

1. 숙박형 프로젝트 수업

가족형 프로젝트 수업

엄마들 셋이 프로젝트 수업을 진행하기에는 장소, 시간적인 부분이 열악하고 밑바탕이 전혀 없는 상황에서 춘천전인학교는 훌륭한 장소가 아닐 수 없었다. 게다가 도시에서 학교를 다니고 있는 학생들에게는 더할 나위 없는 곳이었다.

일단, 장소를 춘천전인학교로 정하고 나니 어린 학생들을 데리고 숙박형으로 진행하는 것에 부담이 앞섰다. 조금 더 깊이 있는 프로젝트 수업을 진행해 보기 위해 숙박형 캠프를 하기로 마음먹었지만, 저학년 학생들이 대부분이다 보니 막막하기 그지없었다.

하지만 다들 대안학교 경험도 충분했고, 기숙형 학교를 운영하시는 인정 노지연 선생님도 계셨기에 우리는 불같은 추진력으로 일단 진행해 보기로 하였다.

그래서 먼저 가족캠프를 운영하여 부모들에게 전인학교에 대해서

가족과 함께 즐거운 캠프

가족 문패 만들기

도 알리고, 공간에 대한 적응도 가족과 함께 하도록 하는 것이 도움이
될 것 같아 가족캠프를 개최하였다.

　가족이 함께할 수 있는 실내, 실외의 다양한 놀이를 준비하였고, 가
족과 함께 산책도 하고 가족 문패 만들기도 하며 가족 간에 따뜻한 시

간을 보낼 수 있도록 알찬 프로그램으로 준비하였다. 결과는 모두 대
만족이었고, 우리는 숙박형 캠프에 대한 가능성을 보았다. 무엇이든
도전하고 보는 전인맘 셋은 일단 도전해 보기로 하였다.

'알아서 척척' 캠프에 참여한 아이들은 운동장에서 자유롭게 놀이

춘천전인고등학교 학생들과의 한때

춘천전인학교 전경

도 하고 뛰어놀며 자연의 충만함을 느끼며 행복한 시간을 보냈다.

또한 운동장 길 건너편의 전인고등학교 언니, 오빠들과 스스럼없이 이야기도 나누고, 함께 축구도 하고 뛰어놀며 행복한 시간을 보낼 수 있었다.

전인고등학교 학생들은 어린 초등학생들이 마냥 귀여워 무릎에 앉히기도 하며, 짧게나마 공부에 대한 스트레스를 풀며 즐거운 시간을 보냈다.

참, 이때 우리는 '알아서 척척' 캠프의 도우미로 전인학교를 졸업한 대학생들의 도움을 받았다. 그 학생들은 내가 초임 때 가르쳤던 초등학교 학생들이었는데, 어느새 대학생이 되어 이렇게 다시 우리 '알아서 척척' 캠프의 도우미로 참여하게 된 것이다.

너무나 훌륭하게 잘 자라 대학생이 된 전인학교 학생들을 보며 프로젝트 수업에 대한 더 확고한 확신이 들었다. 그리고 프로젝트 수업을 다시 할 수 있다는 것에 대한 설레임이 커졌다.

'알아서 척척' 어린이들은 이렇게 처음으로 엄마를 떠난 캠프 수업을 기획하면서 아이들끼리 기차에 오르게 되었다.

거의 대부분 저학년이었고, 그림자교사는 아이들이 좌석을 찾는 일부터 자리를 정하는 것까지 아이들에게 맡겨 두고, 사진을 찍어 주는 역할만 하였다.

춘천에 도착해서도 배웅 나온 선생님을 만나는 장소까지 찾아가는 것조차 아이들에겐 해결해야 할 미션이었다.

그렇게 우리는 방학을 이용하여 숙박형 캠프를 도전하여 보기로 하

처음으로 학생들끼리 기차 타는 날

였고, 일반 공립학교 다니는 학생들을 위해 주말 캠프를 기획하게 되었으며, 모집 회원들도 점점 늘어나게 되었다.

어떤 주제를 정하여 프로젝트를 진행할지에 대해 우리는 많은 고민을 하였다. 짧은 시간 동안 '기획-활동-결과'까지 나와야 하는 프로젝트 수업이기에 더 많은 고민을 하지 않을 수 없었다.

그래서 학생들 생활의 기본이 되는 '의식주'를 주제로 정해 보기로 하였다.

학생들이 일상에서 느끼는 의식주에 대한 가치를 고찰하고, 스스로 일상을 경영할 수 있는 힘을 기르도록 하고자 '의식주'를 주제로 정해 본 것이다.

'주(宙)'를 주제로 한 프로젝트 수업

첫 차시로는 학생들이 '주(宙)'와 관련하여 전인학교 프로젝트 수업을 진행하였다.

학생들에게 에너지 절약에 관한 수업을 진행하고, 에너지의 소중함을 일깨우며, 직접 에너지 스티커를 만들어 우리 집에 에너지를 절약해야 할 곳에 붙여 보는 활동이었다.

또 우리가 살고 있는 집을 과자집으로 지어 보기 위해 직접 돈을 가지고 마트에 가서 장을 보고, 학생들이 짓고 싶은 집을 디자인하고 직접 천연 재료를 이용하여 쿠키를 굽고 과자집을 완성해 보는 활동이다. 외국인 학부모님이 직접 수업을 진행해 주셔서 학생들은 더욱 흥미 있게 수업에 참여할 수 있었다.

모둠별로 진행하여, 더 튼튼하고 안전하며 디자인을 고려하여 지

과자집 만드는 과정 설명을 듣는 모습

은 집이 어떤 것인지 더불어 평가하는 시간도 가져 보았다.

전인학교의 수업은 학생들이 스스로 기획하고, 자유롭게 논의하여 만들어지는 수업이다. 학생들은 교사의 설명을 듣고 정보를 얻지만, 더불어 논의하고 스스로 결정한다.

프로젝트 수업은 시간이 많이 걸린다. 학생들에게 충분히 생각할 시간과 논쟁하며 토론하는 시간을 주기 때문이다.

회의를 진행할 때의 규칙부터 결정하는 방법까지 학생들의 손을 거치지 않는 경우가 없다. 그래서 학생들은 수업에 대한 관심과 만족도가 높으며 수업 결과에 대한 애정이 넘친다.

수업에 대해 포기하고 싶다가도 본인들이 만들어 가는 수업이기 때문에 책임감이 높아서 포기하는 경우도 드물다고 할 수 있다.

직접 구입한 재료로 과자집 완성

수업에 대한 집중도

프로젝트 관련 학습지 해결

프로젝트를 해결하기 위한 강의 및 토론 수업

'의(衣)'를 주제로 한 프로젝트 수업

　　"전인학교 프로젝트는 아이들이 스스로 주도하고 더불어 조화롭게 관계하는 것을 기본으로 하면서 실질적인 삶의 역량을 기를 수 있도록 짜여진 프로그램입니다. '식의주'생활 계발을 바탕으로 하며 특히 이번 프로젝트에서는 양평 문호리 강변에서 열리는 '리버마켓'에 직접 나가 물건을 사고파는 경험을 하게 됩니다. 작아서 못 입게 된 옷, 이제는 더 이상 가지고 놀지 않는 장난감, 남는 문구류 등의 물건들을 모아서 벼룩시장을 열고 간단한 과일요거트를 만들어 파는 경험으로 지난 회차에 배웠던 지구 사랑도 직접 실천하는 기회를 갖게 될 것입니다."

　　'알아서 척척' 5차 전인학교와 함께하는 프로젝트에 관한 안내문에 나온 일부 내용이다.

　　지난 차시에는 '주(宙)'와 관련하여 수업을 진행하였다면, 이번에는 '의(依)'와 관련하여 학생들이 작아져서 못 입게 된 옷과 물건들, 가지고 나온 물품들을 경기도 양평 문호리에서 정기적으로 열리는 아나바다 시장에 가서 직접 팔아 보는 활동을 기획하였다.

　　물론 큰 주제와 기획은 교사의 머릿속에서 구성하여야만 학생들이 방향성을 갖고 프로젝트 수업을 진행할 수 있다.

　　고학년쯤 되면 주변에서 진행되는 아나바다 시장까지 조사하겠지만, 우리 프로젝트 수업은 저학년이 대부분이기도 하고, 지역이 다양해서 기본적인 안내는 교사가 도와주었다.

아래는 5차 프로젝트 수업에 관한 안내이다.

['알아서 척척' 전인새싹 5차 프로젝트 수업]

부모님께 말씀드립니다.

안녕하세요?

지난겨울 전인학교에서 아이들과의 첫 만남은 설레고 벅찬 시간이었습니다.

엄마 품도 벗어나지 못한 7살 친구들부터 언니 오빠 노릇이 아직은 어색한 친구들이었지만, 처음 해보는 프로젝트 수업에서 당당하게 자신의 의사를 밝히고 서로 협력하며 즐겁고 보람 있는 프로젝트를 만들어 냈습니다.

5월 '알아서 척척' 프로젝트는 그간의 산행 프로젝트를 통해 한층 더 야물어진 모습으로 만나게 될 것이 기대됩니다. 전인학교 프로젝트는 아이들이 스스로 주도하고 더불어 조화롭게 관계하는 것을 기본으로 하면서 실질적인 삶의 역량을 기를 수 있도록 짜여진 프로그램입니다. '식의주' 생활 계발을 바탕으로 하며, 특히 이번 프로젝트에서는 양평 문호리 강변에서 열리는 '리버마켓'에 직접 나가 물건을 사고파는 경험을 하게 됩니다. 작아서 못 입게 된 옷, 이제는 더 이상 가지고 놀지 않는 장난감, 남는 문구류 등의 물건들을 모아서 벼룩시장을 열고, 간단한 과일요거트를 만들어 파는 경험으로 지난 회차에 배웠던 지구사랑도 직접 실천하는 기회를 갖게 될 것입니다.

또한 축약된 경제활동의 과정과 물건을 팔며 만나게 되는 낯선 사람들과의 소통과정을 통해 주도력, 기획력, 창의력, 의사소통 능력과 같은 다양한 역량을 복합적으로 성장시킬 수 있는 기회가 될 것입니다.

프로젝트에 대한 부모님들의 지원과 이해의 깊이만큼 아이들이 성장할 수 있다는 확신으로 한걸음 더 내딛고 계시는 여러분들의 열정에 감사드리며, 계절의 여왕 5월에의 만남을 설레임으로 준비하겠습니다.

1. '알아서 척척' 5차 세부 목표

가. 스스로 더불어 프로젝트 과제를 수행한다.

나. 벼룩시장을 통해 가게 장식, 판매 기획, 물건 판매, 수익 분배의 경제활동 과정을 경험한다.

다. 식의주 기본 생활에 필요한 융합적인 역량을 개발한다.

2. 세부 운영 계획

가. 전인 새싹 프로젝트 5차 세부 계획

1) 일시 : 2016년 5월 20일(금요일) ~ 5월 22일(일요일)

2) 장소 : 강원도 춘천시 동산면 새술막길 638-12 춘천전인학교

3) 교통편 : 각자 이동 혹은 남춘천역에서 학교 차량으로 이동

4) 준비물 : 세면도구, 갈아입을 옷, 점퍼, 실내화, 필기도구, 개인침낭(학교침낭 사용자 신청), 벼룩시장에 내다 팔 물건(사전 신청 후 택배)

* 모든 일정은 아이들의 기획 하에 이루어지므로 변동사항이 있음을 인지하여 주시기 바랍니다.

출처: 춘천전인학교 '알아서 척척' 프로젝트 캠프가 열립니다. | 작성자 인정 노지연

환영합니다.
전인프로젝트캠프 '알아서 척척'!!

● **2박 3일간 함께 지낼 춘천전인학교는?**

'모든 씨앗에는 꽃이 잠들어 있습니다.'

춘천전인학교는 아이들 마음에 심어져 있는 씨앗들이 예쁘게 꽃필
수 있도록 사랑과 관심, 존중과 배려가 살아나는 교육을 위해 함께 고
민하는 학교입니다.

나의 새 이름, 새 이르름

나의 꿈과 목표를 담아 스스로에게 선물해 보아요~

● **이르름이란?**

전인학교에서는 자신의 꿈과 특징을 담은 '이르름'으로 호칭을 부
릅니다. 이는 별칭, ID, 호 등과 유사한 의미이며, 자신의 꿈과 원함이
계속적으로 각인될 수 있도록 돕는 의미가 있습니다. 밝고 건강하며
자신의 개성이 한껏 드러나는 이르름을 지어 봅시다.

● **멋진 이르름을 지으려면?**

　　• 나의 꿈, 장래 희망은?

　　_____

　　• 내가 좋아하는 물건, 느낌, 색, 캐릭터, 인물, 단어 등은?

　　_____

　　• 나의 장점, 자랑하고 싶은 점은?

　　_____

　　• 그밖에 나를 표현하고 싶은 단어들을 생각해 보아요.

　　_____

● **나만의 이르름 짓기**

▶ 나의 이르름은 무엇인가요?

_____

▶ 나의 이르름은 어떤 뜻을 지니고 있나요?

_____

▶ 친구들의 이르름은 무엇인가요?

_____

프로젝트 캠프 시간과 순서

시간＼날짜	20일(금)	21일(토)	22일(일)
08:00 ~		씻기	씻기
08:00 ~		아침 식사 / 명상	아침 식사 / 명상
09:00 ~		출발 전 점검	텃밭 가꾸기
10:00~			
11:00~	전인학교 도착 / 인사 나누기	벼룩시장 장소로 이동	바깥놀이
12:00 ~			
13:00 ~	점심 식사	점심 식사	점심 식사
14:00	서로 친해지기	아나바다 벼룩시장 열기 문호리 리버마켓 둘러보기	마디맺음
15:00	프로젝트 기획 – 벼룩시장 프로젝트		
16:00			
17:00	쉼	다시 학교로~	
18:00	저녁 식사	저녁 식사	
19:00	벼룩시장 준비	결산과 돌아보기	
20:00			
22:00	꿈나라로~	꿈나라로~	

일정 상세 안내 순서

	프로그램	시 간	담당 선생님	내 용
1일차	인사 나누기	80분	맑은솔	캠프 안내 인사 나누기 숙소 안내
	서로 친해지기	40분	맑은솔	서로 친해질 수 있는 놀이
	프로젝트 기획	60분	인정 햇살 맑은솔	조와 역할 정하기 프로젝트에 대한 안내 및 기획
	리버마켓 준비		인정 햇살 맑은솔	간판 만들기 물건 값 정해서 가격표 만들기
2일차	명상	30분	인정	눈 감고 조용히 '나'를 찾아가는 시간
	출발 전 점검	120분	따뜻한 햇살 맑은솔	요거트 판매 용기(컵, 숟가락), 판매 물품, 돗자리
	리버마켓 이동	80분	따뜻한 햇살 맑은솔	
	벼룩시장 열기	100분	따뜻한 햇살 맑은솔	
	시장 둘러보기	120분	따뜻한 햇살 맑은솔	
	결산과 돌아보기		따뜻한 햇살 맑은솔	벼룩시장 평가 수익 계산 분배
3일차	명상	30분	햇살	
	텃밭 가꾸기		따뜻한 햇살 맑은솔	
	바깥놀이		따뜻한 햇살 맑은솔	
	마디맺음		인정	프로젝트 평가하기

-우리들의 약속-

이렇게 지내 보아요

● **더불어 약속**

• 스스로와 더불어 자랑스럽고 당당한 말과 행동을 사용해 주세요.

• 게임기, MP3 등 전자기기, 휴대폰은 가지고 오지 않아요. 귀중품과 용돈도 혹시 가지고 왔으면 선생님께 맡겨 주세요.

• 크고 작은 상처가 생겼을 경우엔 꼭 선생님들께 바로 알리고 치료를 받아요.

• 선생님의 허락 없이 산 속에 들어가지 않아요. 학교에서 멀리 벗어나도 안 돼요.

전인프로젝트 캠프 '알아서 척척'!!

Ⅰ. 프로젝트 알아보기

지구를 사랑하는 우리들!

아껴 쓰고 나눠 쓰고 바꿔 쓰고 다시 쓰기를 실천할 수 있는 벼룩시장을 열어 보아요.~~

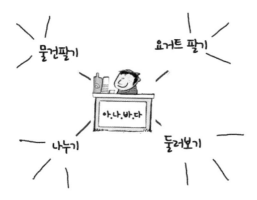

◈ 프로젝트 수업이 무엇인가요?

　선생님이 학생을 대상으로 혼자 수업을 진행하는 일반 수업 방식에 익숙하신가요? 전인학교의 프로젝트 수업은 조금 달라요. 공부할 주제를 먼저 정하고, 이를 해결하기 위한 다양한 방법을 함께 기획하고 고민해요. 그렇게 기획한 방법을 통해 문제해결의 과정을 거치면, 훌륭한 결과물이 탄생하게 되죠. 책으로만 공부하는 것에 비해 훨씬 더 재미있고 뜻깊은 공부를 할 수 있어요. 전인학교에서는 주로 탐사여행, 봉사활동, 공연 준비, 영화 제작, 극기 훈련 등에 프로젝트 수업 방식을 적용하고 있습니다.

Ⅱ. 우리 모둠 역할 정하기

① 우리 모둠 이름 :

② 모둠 이름의 의미 :

★회의에 필요한 역할 정하기★

역할명	하는 일	담당 친구

Ⅲ. 프로젝트 수칙

① 스스로 더불어 : 자기가 맡은 역할을 스스로 하고 더불어 돕는다.

② 존중 : 다른 사람이 이야기하고 있을 때는 말하는 사람을 향하고 귀를 기울인다.

③ 사랑 : 어디선가 누군가에 무슨 일이 생기면 항상 내가 돕는다.

④ 믿음 : '나는 할 수 있어'라는 믿음으로 언제나 더 나은 자기로 이끌어 간다.

전인학교 프로젝트 미션 하나!
-우리가 해야 할 일-

다음은 리버마켓을 알아보기 위한 생각재료입니다. 동영상이나 자료 조사를 통해 리버마켓과 아나바다에 대해 이야기해 봅시다.

시장에서는 어떤 일이 일어나나요?	
리버마켓은 어떤 곳인가요?	
아나바다를 해본 적이 있나요? 리버마켓에서 아나바다를 한다면 어떻게 하면 좋을까요?	
함께 아나바다를 하기 위해 가장 중요한 일은 무엇이라 생각하나요?	

- 리버마켓은 _____ 한 곳이라고 생각합니다.
- 조사해 보니 _____ 것이 있어서, 리버마켓은 _____ 한 곳이라고 생각합니다.
- 아나바다에서 나는 _____ 역할을 하고 싶습니다.
- 리버마켓에서 아나바다를 하기 위해서 _____ 하는 것이 중요하다고 생각합니다.

★물건 분류 가격 매기기★

♥ ♥ 우리 모둠의 물품 ♥ ♥

구분	물건 이름	판매 가격	팔렸어요^^
1			
2			
3			
4			
5			
6			
7			
8			
9			
10			
합계			

전인학교 프로젝트 미션 둘!

★세부 일정 정하기★

- 시장 둘러보기와 물건 판매 계획 세우기
- 준비할 것들을 생각해 보고 준비 계획 세우기
- 준비 계획 세우기에 필요한 역할과 벼룩시장에서 필요한 역할 정
  하기

★벼룩시장 준비와 물건 판매에 필요한 역할 정하기★

역할명	하는 일	담당 친구

▶시장이나 야외활동에서 필요했던 일이나 불편했던 일을 생각하며 서로 인터뷰해 봅시다.

다음을 친구에게 서로 물어보며 대답해 봅시다.

1. 시장에 가본 적이 있나요?

2. 부모님과 마트나 가게가 없는 곳에 산책이나 바깥놀이 가본 적이 있나요?

3. 무엇이 가장 힘들었나요?

4. 바깥놀이 동안 가장 많이 사고 싶었던 것은 무엇이 있나요?

▶서로 역할을 바꿔 인터뷰해 봅시다.

다음을 친구에게 서로 물어보며 대답해 봅시다.

1. 시장에 가본 적이 있나요?

2. 부모님과 마트나 가게가 없는 곳에 산책이나 바깥놀이 가본 적이 있나요?

3. 무엇이 가장 힘들었나요?

4. 바깥놀이 동안 가장 많이 사고 싶었던 것은 무엇이 있나요?

얌냠♡ 맛있는 요거트

맛있는 요거트 만드는 과정을 알아 보아요!

순 서	
재 료	
방 법	
기 타	

전인학교프로젝트미션셋!
리버마켓을둘러봐요!

이름:

조사한 날짜	202 년 월 일 요일	함께 조사한 사람	
리버마켓의 위치			

<table>
<tr><td colspan="6" align="center">조사 내용</td></tr>
<tr><td></td><td>상점의 종류</td><td>파는 물건</td><td>물건 값</td><td>사 가는 사람들</td><td>사고파는 사람들이 주고받는 말</td></tr>
<tr><td>조사한 내용</td><td></td><td></td><td></td><td></td><td></td></tr>
<tr><td>느낀 점</td><td colspan="5">* 리버마켓을 둘러보고 새롭게 알게 된 점이나 느낀 점을 적어 보세요.</td></tr>
</table>

♥ ♥ 리버마켓 활동을 되돌아봐요. ♥ ♥

다음의 질문을 읽고 해당되는 곳에 ○표 하여 보세요.

활동 내용	활동 평가		
	멋지게 잘 했어요.	이 정도는 잘 한 것 같아요	다음에는 더 잘 할 수 있어요
리버마켓에 필요한 준비물을 빠짐없이 준비했나요?			
물건을 판매 방법에 맞게 잘 판매하였나요?			
손님들에게 친절하게 대하였나요?			
리버마켓 판매 후 주변 정리를 잘 하였나요?			
나의 역할에 충실히 활동하였나요?			
리버마켓을 하며 즐거웠던 점이나 기억에 남는 점은?			
리버마켓에서 아쉬웠던 점이나 다음에 더 잘 할 수 있는 점은?			

★수익을 어떻게 나누고 어디에 쓸까?★

1. 얼마 벌었나요?

2. 가게를 열기 위해 들었던 비용이나 노력은 얼마였나요?

3. 수익이 있다면 세금을 내야 합니다. 세금을 내 주세요.

4. 세금 낸 후 남은 돈이 있나요? 어떻게 나눌까요?

5. 가게를 운영해 본 소감을 말해 봅시다.

캠프 마디맺음 소감문

. . .

학생들은 위의 프로젝트 기획서 활동지를 통해 단계 단계 수업을 진행하였다.

진지하게 수업 기획을 하는 학생들

학생들은 전인학교 운동장에서 마음껏 뛰어놀다가도 함께 모여 수업을 진행할 때는 어느 누구보다 진지하게 수업에 대해 고민하였다. 내가 진행하던 프로젝트 수업은 장소, 공간, 학생 어느 하나 정해진 것이 없었기 때문에 더욱 기획하기가 힘들었다.

장소도 매번 바뀌어야 했고, 공간도 야외인지 실내인지 정해지지 않았으며, 학생들도 다양한 각 지역에서 왔다. 또한 학년 대상이 없었기 때문에 저학년 중심인지 고학년 중심인지, 프로젝트 수업의 기준을 정해 기획하기가 어려웠다. 그래서 이때는 저학년, 중학년, 고학년을 나누어 학년별로 진행해 보았다. 상황에 따라 학년별로 묶거나 섞어서 진행하거나를 정하였다. 학생들 내에서도 **이끄미, 기록이, 살림**

이, 알리미, 지키미, 찰칵이 등 역할을 정해 자신의 역할에 대해 책임을 다하고, 수업에 대한 참여도를 높일 수 있도록 수업을 구성하였다.

문호리 시장에 팔 물건 모음

위의 사진은 학생들이 택배로 춘천에 보낸 물품들이다. 아이들은 팔기 전에 친구들의 물품을 보고 서로 찜하고 사고 싶어 했었다.

물건에 가격을 매기는 학생들

학생들은 본인들이 팔 물건을 직접 모아서 적정한 가격을 매기고, 물건을 분류하는 활동도 하였다. 이러한 활동들은 학생들에게 경제 개념을 심어 주었으며, 합리적인 결정을 내리는 데 도움이 되었다.

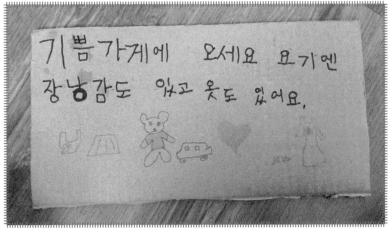

학생들이 직접 만든 간판

드디어 학생들은 모든 준비를 마치고, 문호리로 출발!!

드넓은 호수와 자연이 펼쳐져 있는 예쁜 공간이었지만, 아이들에게는 사람도 많고 어수선하고, 구경할 거리도 많은 새로운 장소였다. 프로젝트 수업의 장점은 이렇게 장소에 대한 제한이 없다는 점이다. 정기적으로 모일 장소가 없는 불편함도 있지만, 다양한 장소에서 수업을 진행하여 사고의 전환을 통한 기회를 학생들에게 줄 수 있다.

다양한 장소에서 다양한 주제로 다양한 사람을 만날 수 있다는 것은 내가 기획하고 원하던 학교 밖 프로젝트 수업이다.

리버마켓 프로젝트 수업 지도안

교사 : 김송숙

일시	5. 20(금)	장소	전인학교	대상	1~4학년	인원	20명
학습 목표		– 시장, 마켓에 대한 이해를 바탕으로 리버마켓을 이해할 수 있다. – 리버마켓에서 시장 활동을 할 수 있다.					
학습 자료	교사용	학습지, 관련도서					
	학생용	노트북, 필기구					

수업시간	교수 · 학습 활동	자료(☆) 및 유의점(■)
20분	▣ 시장, 마켓에 대해 이해하기 – 시장이나 마켓에서는 어떤 일이 일어나나요? 물건의 교환, 가치의 교환 – 리버마켓에 대해 다양한 방법으로 조사 후 발표해 봅시다. (3~4학년은 인터넷을 이용한 조사, 1~2학년은 동영상 대체) – 리버마켓이 우리가 알고 있는 시장이나 마켓과 다른 점은 무엇인가요?	☆동영상, 학습지, 개인 컴퓨터 ☆학습지, 필기구
40분	▣ 리버마켓에서 하고 싶은 일 논의해서 정하기 – 리버마켓에서 우리는 어떤 도움을 주고받을 수 있나요? – 리버마켓에서 하고 싶은 일이 있다면 무엇인가요? – 우리 모둠이 리버마켓에서 할 수 있는 일은 무엇일까요? – 리버마켓에서 가게 활동을 한다면 무엇을 준비할 수 있나요? – 가게 활동 외에 도움이 되는 일은 무엇이 있을까요?	
10분	▣ 가게를 열기 위한 준비1 – 가게를 열기 위해 필요한 일은 무엇일까요? 팔 물건 정하기, 가게 이름 정하기, 물건 가격 정하기, 물건 파는 사람, 물건 정리하는 사람, 돈을 정리하는 사람. – 가게 이름 정하고 홍보물 만들기: 가게 이름과 우리를 알리는 포스터 만들기 – 물건마다 가격 정해서 붙이기 – 각자 역할 정하기	☆학습지 ■야외활동이나 시장 경험을 생각하며 서로 인터뷰하기

수업시간	교수 · 학습 활동	자료(☆) 및 유의점(▣)
10분	▣ 시장에 온 사람들이 필요로 하는 것을 만들어 팔아 보기 – 시장에서 가장 좋아하는 일은 무엇인가요? – 시장을 다니다 보면 가장 하고 싶은 일은 무엇인가요? – 리버마켓에 온 사람들은 무엇을 가장 필요로 할까요? – 리버마켓에서 가장 불편한 일은 무엇일까요? – 리버마켓에 온 사람들이 가장 필요로 하는 일이나 불편함을 해결하려고 합니다. 어떻게 하면 될까요? – 물건을 만들어 팔 팀을 꾸려 가게를 열기 위한 준비를 해 봅시다.	▣ 시장은 필요하고 불편한 일을 해결하는 것에서 출발함을 인지
20분	▣ 가게를 열기 위한 준비2 – 우리가 지금 만들어서 함께 팔 수 있는 물건은 무엇이 있을까요?	☆동영상, 학습지, 개인컴퓨터
20분	서로 역할을 정해서 내일 팔 물건을 만들어 봅시다. (가게 준비1 외에 준비할 팀을 꾸려서 준비한다.) ▣ 결산하기 – 얼마를 벌었나요? – 가게를 열기 위해 들었던 비용이나 노력은 어떤 것이 있었나요? – 수익이 있다면 세금을 내야 합니다. 세금을 내 주세요. – 세금을 낸 후 남은 돈이 있나요? 어떻게 나눌까요? – 가게를 연 소감을 말해 봅시다.	☆학습지, 필기구

시장을 구경 중인 학생들

　학생들은 다른 사람들은 어떻게 물건을 사고파는지 먼저 시장 조사를 나와 보았다. 물건을 구경하는지 시장 조사를 하는지는 잘 모르겠으나, 학생들의 시선에서 보이는 세상은 또 다른 세상의 모습이리라는 생각이 든다. 학생들의 눈에 보이는 모든 과정은 교육이 될 수 있다. 교사는 그 순간을 포착하여 학생들에게 교육적인 효과를 줄 수 있도록 하여야 한다.

　프로젝트 수업에서의 장점은 낭비되는 시간이 없다는 것이다. 수업을 위해 장소를 이동하는 중이나 학생들의 쉬는 시간, 일상에서의 생활태도나 언행, 행동 등에서도 학생들의 대화나 태도 등의 내면적인 요소와 인성적인 면도 교사는 지켜보고 관찰하면서 모두 학생들의 자람의 대상이 될 수 있도록 활용할 수 있기 때문이다.

　학생들은 자신들이 직접 만든 수제 요거트에 과일 수제청을 넣어 한 컵에 4,000원씩 팔았다. 물론 만드는 일과 재료 구입 등은 학생들

직접 만든 수제 요거트를 파는 학생들

이 직접 하였고, 벌어들인 수익을 어디에 사용할지에 대해서도 학생들은 고민하고 논의하였다.

요거트가 잘 팔리지 않자 날이 더웠음에도 불구하고 학생들은 목청껏 "시원한 수제 요거트 드세요!" 하며 호객행위를 하였다.

학생들은 다 팔고자 하는 욕심에 소리를 지르며 물건을 팔았지만,

'다 팔고 나서는 목이 아팠다. 그래도 사람들이 구입을 해 주어서 기뻤다'는 등의 느낀 점을 나누었다. 이를 통해 학생들은 물건을 파는 것이 매우 어려운 일이며, 경제활동 자체가 엄청난 과정과 노력으로 이루어진다는 사실을 몸소 느낄 수 있었다.

지나가던 손님들은 어린이들이 귀여워 기꺼이 수제 요거트를 사 주셨다. 다행히 완판을 하여, 순수한 어린이들이 마음의 상처를 받지는 않았고, 의도되었던 수업보다 훨씬 좋은 결과를 가져왔다.

예측이 불가능한 프로젝트 수업은 탱탱볼처럼 어디로 튈지 몰라 난감하기 짝이 없지만, 수업의 다양성과 창의성에 있어서는 교사와 학생에게 기대감과 설레임을 주기에 충분하다고 생각한다.

날씨도 덥고 사람도 많아 복잡했지만, 학생들은 자신들에게 필요 없는 물건이나 작아진 물건들을 모아 직접 팔아 보고, 힘들게 만든 수제 요거트를 팔면서 의식주 생활을 위해서는 경제활동이 필요하다는

수익금을 계산하고 있는 살림이

것을 알았다. 그리고 어떠한 경제활동도 혼자서는 이루어지지 않으며, 더불어 해야만 가능하다는 것을 알게 되었다. 학생들에게 문호리 시장에서의 경험은 하나의 축제였다. 학생들은 이것이 프로젝트 수업인지도 잠시 잊을 정도로 수업에 깊이 빠져 있었고, 즐겁게 활동하였다.

• • •

돈을 계산하는 일도, 물건을 파는 일도, 무거운 짐을 옮기는 일도, 정리를 하는 일도 학생들에게는 어느 것 하나 수업처럼 딱딱하고 암기해야 하는 것이 없었다. 자연스럽게 일상생활 속에서 이루어지는 모든 활동을 직접 경험해 본 것이다. 교과서에 나오는 딱딱한 경제활동을 몸소 체험하여 봄으로써 각자에게 필요한 지식들을 습득하여 가는 것이다.

돈이 없으면 물건을 살 수 없고, 돈이 있다고 하여 낭비할 수 없으며, 나 혼자 돈을 번다고 하여 모두가 부자가 되는 것이 아니라 함께 협력하여야 하고 더불어 살아가야 한다는 것을 학생들은 경험으로 느낄 수 있었다.

경제활동은 악순환이 아닌 선순환적인 의미로 더불어 함께해야 이루어진다는 것을 학생들이 조금은 느꼈으면 좋겠다.

우리는 경쟁하는 관계가 아닌 더불어 살아가는 관계가 되어야 한다는 것을….

텃밭에서 필요한 채소를 수확

전인학교 학생들이 만든 통나무집

학생들은 짧은 시간이었지만, 전인학교 텃밭에 있는 작물들에 물도 주고, 잡초도 뽑고, 필요한 작물도 수확하면서 자연이 주는 신비로움과 감사함도 가슴 깊이 느낄 수 있었다.

'알아서 척척' 학생들은 전인학교 학생들이 학교 뒷산에 만든 통나무집에도 들어가서 놀아 보고, 체험도 해보면서 의식주에 대한 다양한 활동들을 진행하였다.

이렇게 '알아서 척척' 캠프는 일반학교 학생을 대상으로 주말에 서울, 경기도 인근의 장소를 선정하여 프로젝트 미니 캠프를 진행하였으며, 방학을 이용하여서는 춘천전인학교에서 숙박형 캠프를 진행하였다.

· · ·

'알아서 척척' 캠프 참여 학생들의 연령이 어려서, 규모가 있는 프로젝트 수업을 진행하지는 못하였지만, 놀이를 중심으로 한 미션 해결 같은 수업들을 진행하면서 학생들의 의사소통 능력과 관계력을 회복하는 데 중점을 두어 수업을 진행하였다.

프로젝트 수업에서는 문제해결력, 창의력도 중요하지만, 자신의 생각을 정확하게 전달하고 다른 사람의 이야기를 귀담아 들을 줄 아는 경청의 자세도 매우 중요하기 때문에, 우리는 놀이 중심의 소통을 하는 데 중점을 두어 진행하였다.

숙박형 캠프는 일일이 다 챙겨 줘야 하는 어려움도 있고 피로도가 높았지만, 그만큼 학생들은 부모를 떠나 스스로 무엇을 해낼 수 있다는 자부심도 높일 수 있었으며, 성장의 기회로 활용하는 데 많은 도움이 되었다.

'식(食)'을 주제로 한 프로젝트 수업

전인학교 프로젝트 캠프 - '알아서 척척' 3회차

1. 취지

계절 캠프는 전인학교가 태동하게 된 주요 계기가 되어 준 프로그램이다. 2002년 학교를 열기 전, 2000년 7월에 처음으로 여름 캠프를 진행하였다. 그 후 이어진 겨울, 봄, 여름, 가을 캠프가 전인학교의 전신인 하늘새싹자람터를 열 수 있는 동력이 되었다.

대안학교로 오픈한 후에는 학교에서 계발해 낸 프로그램들이 거꾸로 캠프의 주요 내용이 되었다. 그렇게 15년 여의 세월이 흘렀다. 학교에서 진행한 많은 프로젝트 수업의 노하우를 전인학교에 입학하지 않아도 경험해 볼 수 있는 기회를 제공하고자 '알아서 척척' 프로젝트 캠프를 기획하였다. 부디 많은 학생이 전인학교의 프로젝트 수업을 씹고 맛보고 즐길 수 있는 기회를 가졌으면 하는 바람이다.

2. 목적

- 주어진 과제를 수행하기 위해 전략을 세워 기획하고 실천하여 그 결과를 보고하는 프로젝트 과정을 통해 자기 주도적인 삶의 태도를 갖출 수 있다.
- 다양한 연령의 학생들이 서로 협력하여 역할을 분담하고 과제를 수행하는 동안 창의력, 리더십, 사회적 소통 능력과 협업 능력을

기를 수 있다.

- 자연 속에서 활동하며 생태감수성을 높인다.
- 의식주생활의 기초 과정을 직접 수행해 보며 건강하고 참된 생활의 기본 습관을 형성할 수 있다.

3. 목표(여름캠프)

- 처음 만나는 친구들과 마음을 열고 인사할 수 있다.
- 친구들과 협동하여 텐트를 치고 화덕을 만들어 음식 만들기를 시도해 본다.
- 물속에서 마음껏 놀고, 물놀이 후 젖은 옷을 스스로 빨 수 있다.
- 자기의 장기를 찾아내어 발표할 수 있다.

4. 기간 : 2016. 8. 6~8(2박 3일)

5. 장소 : 춘천전인학교

6. 대상 : 초1~초6(협의)

7. 캠프의 큰 그림 그리기

- 아이들에게 야영을 기획하게 하자. 단, 큰 기획은 교사가 하고 작은 기획만 아이들이 해본다.
- 요리해 보기, 설거지해 보기, 양말 빨아 보기, 텐트 쳐 보기, 침낭

개어 보기를 직접 하게 하자.

- 가능한 프로그램들 : 시작할 때 지난 영상 보고 그동안 지낸 소회 나누기, 생태놀이, 물놀이, 요리: 식단조/설거지조로 역할 나누기, 캠프파이어, 화덕 만들기
- 캠핑 기획 : 경험 나누기, 메뉴 정하기, 역할 정하기(설거지/밥/상차리기 등), 캠핑 수칙 정하기, 스스로 할 일(침낭 정리, 개인수저 챙기기, 짐 정리, 개인물품 관리 등)
- 담임 숙지사항 : 집에 갈 때는 짐과 옷을 깨끗이 정돈하고 가기

8. 캠프 기획–실행–마무리까지의 일정 체크

항목		날짜	담당	내용
캠프 날짜 확정		6/3	기획단	카톡 단체투표
프로그램 기획 및 활동지 제작		6/15~8/3	기획단	프로그램 기획회의, 수업 세부계획 수립, 활동지 제작
온라인 포스터 제작		6/17	새봄	
예산 수립 및 지출 관리			햇살	
캠프홍보	인터넷 홍보	6/17~	별	
	오즈메일링		새봄	
	보도자료 보내기		별	지역신문, 봄내 등
	현수막 걸기		별	
	모바일 문자 발송		햇살	
식사 신청 및 조율		7월 초	마음벗	

항목		날짜	담당	내용
교사, 도우미 확정		7/30	기획단	
참가자 접수		6/17~8/3	햇살, 마음벗	마감 : 8/3
여행자보험 가입		8/4	성해	
공간 정비 및 게시물 부착		8/5		공간 설계
활동지 준비		8/5		
물품 준비		8/5		이름표, 문구류, 프로그램별 준비물
참가자 인솔자 확정 (기차)		8/5		
캠프 진행		8/6~8	프로그램 일정표에 역할 기재	
캠프 마무리	공간 뒷정리	8/8	다함께	
	결산	8/9	햇살	
	사진, 동영상 자료 취합	8/9	성해	별선생님께 넘기기
	카페 업로드	8/9	성해	일자별 활동 내용을 학교 카페에 올리기
	진행자 회식	8/8	다함께	교사, 도우미
참가자 사후 관리		8/10	기획단	흥미도, 만족도 조사

9. 교사 역할 분장 및 도우미 선정

(인원수에 따라 교사 도우미 숫자 확정)

역할명	담당자
기획단	햇살, 인정, 성해, 새봄
캠프 진행 교사	햇살, 인정, 성해, 새봄, 따뜻한
진행 도우미	필화, 구글, 마음빛 중
재학생 도우미	남우, 미리내, 이든

10. 예산

항목		비용
인건비	주 진행 교사	
	도우미	
수업 재료비		
식비		
간식비		
생활관 사용료		
유류비		
합계		

11. 프로그램 일정표

날짜 시간	8/6(토)	8/7(일)	8/8(월)
07:00 ~		기상 및 침구 정리 씻기	기상 및 침구 정리 씻기
08:00 ~		아침 식사/ 명상	아침 식사/ 명상
09:00 ~		텐트 치기 화덕 만들기 땔감 찾기	텐트 접기 간식 만들기(요리)
10:00 ~			
11:00 ~			바깥놀이
12:00 ~	전인학교 도착/ 점심 식사	점심 식사	점심 식사

13:30 ~	서로 친해지기 놀이	물놀이 & 수서생물 관찰	마디맺음
14:30 ~	지난 이야기 나누기, 캠프 오리엔테이션		
15:30 ~	캠핑 기획		집으로 go~
16:00 ~			
17:00 ~	저녁 식사	다시 학교로~ 샤워하기, 젖은 옷 빨아 널기	
18:00 ~	조별 기획 발표	저녁 짓기 식사 후 설거지하기	
19:00 ~	간식 취침 준비	캠프파이어 다움 자랑하기	
20:00 ~			
21:00 ~	꿈나라로~	취침 준비 꿈나라로~	

12. 안내 사항

1) 준비물

분류	세부 항목	비고
옷	갈아입을 옷, 두툼한 겉옷, 속옷, 양말	
세면도구	칫솔, 치약, 수건, 비누, 샴푸	
개인용품	실내화, 침낭 또는 이불, 선크림, 모자	복용하고 있는 약,

2) 유의사항

- 프로그램에 집중하기 위하여 게임기, MP3 등의 전자기기는 가져오지 않습니다.
- 휴대폰은 학교 규정에 따라 프로그램 중에는 사용하지 않습니다.
- 프로그램 참여 시 폭력(신체적, 정신적, 성적 폭력 포함), 음주, 흡연, 절도, 따돌

림, 전자기기를 이용한 디지털 게임, 음란물(만화, 잡지, 디지털 파일) 시청을
엄히 금합니다.
- 귀중품과 용돈은 프로그램 중에는 담임 선생님께 맡겼다가 마친 후 찾아
  갑니다.
- 프로그램 시작하는 날과 마지막 날은 춘천시외버스터미널, 남춘천역까
  지 차량이 운행됩니다.

. . .

숙박형 프로젝트 4번째 시간이 되었다.

학생들은 함께 기차를 타고 전인학교에 가는 과정들이 무척 자유로
웠고, 익숙해졌다. 몇 번의 기획회의와 활동 등을 통해 프로젝트 수업
에 익숙해졌으며, 서로의 성향도 파악하여 회의를 진행할 때 배려해
야 할 점들도 자연스럽게 익혀 갔다. 그렇게, 교사가 의도한 대로 학생
들의 '더불어 함께' 하는 시간들을 보냈다.

이번 프로젝트 수업은 '식(食)'과 관련된 주제로 진행하는 수업이었
기에 학생들이 학교 마당에 직접 텐트를 쳐 보고, 직접 요리를 해 먹는
수업 내용을 기획하여 보았다.

학생들은 텐트 안에서 친구들과 함께 잠을 잔다는 사실 하나만으로
도 무척 기대감이 컸으며, 무엇이든 다 해낼 것 같은 의욕이 넘쳐났다.

아이들은 직접 텐트를 치며 망치질도 해 보고, 바람에 날아갈 것 같
은 텐트도 쳐 보고, 열심히 참여하지 않는 아이 때문에 짜증을 내기도
하였다. 이러한 아이들을 보며 교사들은 제시간에 점심을 먹어야 할

직접 텐트를 치며 행복해하는 학생들

것 같은 조급함에 도와주고 싶었지만, 프로젝트에 임하는 그림자교사라면 모든 것을 내려놓고, 학생들을 지켜볼 수밖에 없음을 인지하고 자중하고 또 자중하며 마음을 내려놓고 있었다.

학생들은 텐트를 다 치고 난 후 역할을 나누어 밥을 지어 먹기 위해 바쁘게 움직였다. 날은 덥지만, 직접 아궁이를 만들어 돌솥밥도 짓고, 밭에서 캔 채소를 이용하여 카레를 만들어 먹었다. 땀을 뻘뻘 흘리며 식사를 하는 아이들에게는 그 무엇보다 꿀맛 같은 식사시간이 아니었을까 싶다.

학생들은 배고픔을 느끼며 더위

텐트를 다 치고 장난치는 1학년 어린이들

진흙으로 화덕을 만들고 있는 학생들

맛있는 돌솥밥 완성

속에서 밥을 지었으며, 내가 머물러야 할 텐트를 치기 위해 땀을 흘리
는 노동의 대가를 치러야 한다는 것을 경험했다. 학생들은 서로 의견
이 다르고, 짜증도 내고 하면서 삶의 지혜를 배우고 관계 회복을 위해
유연해지는 법을 배워 나갔다.

내가 살 곳은 내가 책임져야 하며, 내가 먹을 밥은 내가 얻기 위해 노력해야 한다는 것을, 친구들과 함께하는 프로젝트 수업을 통해 놀이처럼 자연스럽게 획득해 가는 것이다.

• • •

여름방학을 이용한 캠프에 물놀이가 빠질 수는 없지 않은가? 우리는 물놀이를 할 수 있는 근처의 하천으로 이동하였다. 물고기도 잡고, 물속에서 누가 더 잠수를 잘하나 시합도 하고, '얼음땡 놀이', '무궁화 꽃이 피었습니다' 놀이도 하였다.

비가 왔지만 누구 하나 아랑곳하지 않고 신나게 놀았다.

나는 지금도 아이들이 공부를 하든 어떤 활동을 하든 잘 해낼 수 있는 힘은 신나게 놀이를 하는 데 있다고 생각한다.

아이들에게 놀이는 에너지이며, 무언가를 해낼 수 있는 마음의 힘을 키워 주는 원천이라고 생각한다. 나 역시 살아가며 힘들 땐 어릴 때

물고기를 잡는 아이들

캠프파이어 하는 모습

친구들과 함께 뛰어놀던 날을 추억하며 그 힘으로 또 살아가게 되는
것 같다.

아이들은 할 수 있는 한 최대한 재미있게 놀았다. 정말 모든 것을 다
바쳐 노는 것이 무엇인지를 보여주는 아이들처럼 보였다.

아이들이 가장 행복해하는 때는 비싼 선물을 사 줄 때도, 하루 종일
핸드폰 게임을 할 때도 아니다.

아이들이 가장 행복해하는 때는 친구들과 함께 자연에서 마음껏 뛰
어놀 때이다. 그때가 가장 아름다운 모습이고, 가장 아이다운 모습이
고, 가장 행복한 모습이 아닐까 싶다.

초등학생들에게 놀이를 빼앗는 장본인이 누굴까? 지난 해 세종대 컨
벤션센터에서 열린 '어린이 놀이헌장 원탁회의'에서 조사한 결과를 보면
어린이를 '놀지 못하게 하는 방해 요소'를 부모님(32.6%), 공부(18.1%), 학

원(15.2%), 숙제(14.5%) 순으로 꼽았다. 아이들은 놀이권리 보장을 위해 어머니들이 '잔소리 하지 않기'(39.5%)를 바라고 있다. 놀기를 좋아하는 어린이들이 오죽하면 "내가 대통령이 돼 학원을 없애겠다."는 소원까지 빌었을까?

방학이 됐지만 학교 운동장이나 놀이터에는 어린이들이 없다. 유난히 따뜻한 날씨, 대단지 아파트에는 아이들로 시끌벅적해야겠지만 아이들 소리는 들리지 않는다. 그 많은 아이들은 다 어디로 갔을까? 저녁시간 엘리베이터를 타고 가다 보면 자기 키보다 더 큰 악기를 짊어지고 오는 아이 혹은 학습지나 영어책 보따리를 들고 있는 아이들을 보게 된다. 하루 종일 학원으로 전전하다 저녁때가 돼서야 집으로 돌아오는 것이다.

방학이 됐지만 아이들에게는 방학이 없다. 하루 5~6개 학원을 다니는 아이들에게 놀이란 오히려 사치다. 부모들은 아이들이 놀면 불안하다. 아랫집도 윗집도 아이들이 하나같이 학원에 다니는데 놀고 있는 아이들을 보면 불안해서 견디지 못한다. 모처럼 학원에 가지 않는 날이면 부모가 아이들을 데리고 학생과학관이나, 야구나 축구 경기관람 혹은 미술전람회 같은 곳에 다닌다. 아이들에게 정서적인 심미감을 길러 주자는 부모들의 배려다. 과연 아이들을 이렇게 키우는 게 좋기만 할까?

산업사회가 되기 이전만 해도 운동장이나 골목은 아이들로 시끌벅적했다. 또래 동무들끼리 모여 놀기도 하지만, 동네 골목은 나이에 상관없이 아이들이 삼삼오오 모여 딱지치기, 말타기, 제기차기, 구슬치기…를 하느라고 시간 가는 줄을 몰랐다. 여자아이들은 여자아이들끼리 고무줄놀이나 숨바꼭질을 하느라 시간 가는 줄 모르고 놀았다. 여름이면 아이들은 친구들과 수영을 하느라 온몸이 새까맣게 되었고, 겨울이 되면 썰매를 타느라 추운 줄도 모르고 손발이 꽁꽁 얼어 집으로 들어오곤 했다.

어머니들이 불안해하는 것처럼 놀이란 시간 낭비이기만 할까? 놀이를 통해 체험하는 공부는 학교에서 우정이란 무엇인지, 협동이란 무엇인지, 규칙이란 무엇인지 적어서 외우거나 그림책으로 배우는 공부와는 비교가 안 된다. 놀이를 통해 질서나 규칙을 배우고, 양보하고 타협하고 협동하는 마음은 학교에서 관념적으로 익힌 공부와는 다르다. 참을성을 배우고 서로를 믿고 의지하는 협동정신과 신의를 체화하는 공부를 놀이 말고 어디서 할 수 있을까?

인성이 무너졌다고 학원에서 인성 특강까지 받는 아이들, 봉사정신이 부족하다고 봉사점수를 받고 봉사활동을 하는 아이들⋯ 오죽 안타까웠으면 진보교육감들이 어린이 놀이헌장까지 만들었을까? 아이들이 놀면 불안한 엄마들⋯. 예나 지금이나 엄마의 사랑이 달라질 리 없지만, 남에게 뒤지면 불안해 견디지 못하는 극성스런 사랑이 아이들을 무력하게 만들고 있는 것이다. 남보다 더 좋은 옷, 더 비싼 옷과 최고급 학용품으로 부족한 것 없이 키우는 것이 진정한 사랑일까?

귀한 자식은 매로 다스리라고 했다. 배고픔을 모르고 자라는 아이들, 고통을 겪어 보지 않고 남의 아픔을 어떻게 이해할 수 있겠는가? 사랑이라는 이름의 과보호가 아이들을 나약한 아이, 인내심이 부족한 아이로 자라나게 하는 것이다. 100점을 받아야 직성이 풀리는 엄마들, 특목고에 보내고 SKY를 보내 의사나 판검사를 시키는 게 꿈인 엄마들⋯. 엄마의 욕심으로 아이들을 방학도 반납하게 하고 어린이 놀이헌장조차 모르게 키우고 있는 것이다. 정말 이렇게 자라면 아이들이 행복한 어른이 될까? 훌륭한 인격자로 자랄까?

출처: [김용택의 참교육이야기]

김용택 선생님의 글을 보면서, 프로젝트에 참여한 아이들은 행복을 머금고 사는 아이들처럼 보였다.

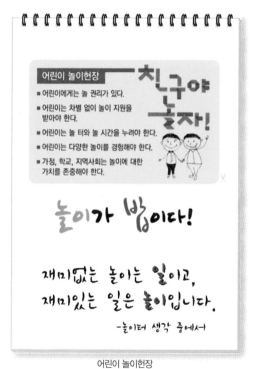

어린이 놀이헌장

프로젝트 수업 속에서는 공부하라고 말하지 않는다.

프로젝트 수업 속에서는 경쟁하라고 말하지 않는다.

프로젝트 수업 속에서는 억지로 하라고 말하지 않는다.

프로젝트 수업 속에는 스스로가 있으며, 더불어가 있다.

프로젝트 수업 속에는 선택이 있으며 결정권이 있다.

프로젝트 수업 속에는 자율이 있으며 책임이 있다.

프로젝트 수업 속에는 웃음과 행복이 끊이지 않는다.

이것이 내가 프로젝트 수업을 진행하는 이유이며, 내 아이들에게 프로젝트 수업을 하게 하는 이유이다. 나는 그냥 공교육에서 학교생활 하는 것만으로도 충분할 수 있지만, 나의 아이를 위해 시작한 수업이다. 나는 국제학교, 대안학교, 공립학교에서 근무해 보아서 그런지 교육 특성의 다름을 느꼈다.

대안학교 근무 후 공립학교에서 첫 근무를 하던 그 느낌을 아직도 잊을 수 없다. 감옥… 딱 그 느낌이었다. 아이들은 스스로 아무것도 할 수 없는 존재 같았다. 교사로서 아무것도 할 수 없는 마음에 자괴감이 들었고, 아이들에 대한 미안함과 안타까움이 공존하였다.

그에 대한 탈출구로, 나는 엄마로서 할 수 있는 나만의 방법으로 '알아서 척척'이라는 프로젝트 수업을 기획했는지 모른다.

'알아서 척척'이
여기까지 오는 동안

'힘'들었습니다.

방향을 찾느라..

스스로 이유를 찾느라..

이 프로젝트를 통해 나는 무엇을 돕고 싶은 것인지..

어떤 의미를 담고 싶은지..

무엇으로 타고 갈 것인지..

수없이 내게 질문을 던지고 받아내 가며

스스로 답을 찾아 가며 정리해 가는 동안

어느새 여기까지 와 있게 되었습니다.

행복합니다.

사랑과 믿음과 의로움으로 똘똘 뭉친

오랜 지기와 함께여서 행복합니다.

말없이 말 통함으로

어떤 상황이라도 시비하지 않고 다스려 타고 가며

서로 성장을 도우며 다독여 오랜 세월 동안 흐름을 멈추지 않았기에

어느새 여기까지 와 있게 되었습니다.

즐겁습니다.

'알아서 척척'은 기회의 장.

아이들과 함께하는 시간 동안

다양하게 드러나는 아이들의 모습에서

그 존재의 다움을 발견하고 그 다움이 잘 자랄 수 있도록

상황 속에서 어떻게 도울까 고민하며 시도하다 보니

나의 다움도 함께 찾아지게 되고

그러다 보니 어느새 여기에 와 있습니다.

기대됩니다.

참 의로운 자와

참 의로운 자와

참 의로운 자와 함께하며

도와 살리겠다는 정체성 놓지 않고

각자 존재다움으로

나날이 살아나도록 애쓸 것입니다.

출처: '알아서 척척' 여기까지 오는 동안.. (알아서 척척) | 작성자 향초 노선미

2. 놀이형 프로젝트 수업

자연이 있는 프로젝트 수업

우리는 방학이나 연휴를 이용해서 숙박형 프로젝트 수업을 진행하였고, 주말에는 1일형 프로젝트 수업을 진행하였다. 그런데 학년이 다른 것도 해결하기 힘든 문제였지만, 사는 지역이 너무 다양한 것이 문제였다.

서울, 경기권이기는 하나 워낙 지역이 광범위하다 보니 장소를 선정하기가 쉽지 않았다. 그리고 우리 학생들만이 집중하여 수업을 진행할 수 있는 곳을 찾다 보니 동탄에 있는 '반석산'이란 곳을 선정하게 되었다. 이곳은 우리 그림자선생님의 집과도 가까운 곳이었고, 사람도 별로 없었으며, 잔디밭과 트래킹을 할 수 있는 산책로도 있는, 마음껏 뛰어놀 수 있는 공간이었다.

우리는 이 이후에도 반석산에서 수업을 많이 하였다. 자연에서 뛰어놀기에는 최적의 장소라 생각했기 때문이다.

잔디밭에 앉아 이야기를 나누는 모습

마음껏 뛰어노는 아이들

이날 아이들은 반석산 등반을 하고, 산에서 친구들과 함께하는 놀이도 하고, 바람개비를 날리기 위해 10번도 넘게 산을 오르락내리락 하며 뛰어놀았다. 그리고 자신을 닮은 나무를 찾아 어떤 점이 닮았는지를 발표해 보게 하였다. 학생들은 자연스럽게 나무의 구석구석을 살피며, 자신과 비슷한 부분을 찾아보고, 친구들과 함께 그렇게 생각한 이유에 대해서도 이야기하여 보고, 발표하여 보았다.

어떤 친구는 소나무를 그리고, 나무의 뾰족한 부분이 자신의 예민함을 닮았다고 하는 친구도 있었다. 나무를 보니 뾰족한 부분만 있는 것이 아니라 초록색의 편안함도 있어 보여 자신의 장점도 찾게 되었다는 친구들도 있었다.

프로젝트 수업은 일정한 주제가 있는 것이 아니라, 학생들의 수준과 상황과 환경에 따라 다양한 주제를 정할 수 있기 때문에 장점이 있다고 할 수 있다. 우리 '알아서 척척' 프로젝트 수업은 생태교육의 장점

함께 대화하며 그림을 그리는 아이들

을 활용하여, 학생들이 자연에서 마음껏 뛰어놀고 느낄 수 있도록 수업을 여러 차례 구성하였다.

국립생태원에서 조사한 자료에 의하면, 한국 어린이들이 가장 불행하다는 조사 결과가 발표되었다. 영국의 아동단체 '어린이 사회'가 발표한 '2015 행복한 성장기 보고서'에 따르면, 15개국을 대상으로 한 어린이 행복도 조사에서 한국이 8세에서 12세 사이의 불행한 어린이 비율이 9.8%에 달해 불명예스러운 1위를 차지하게 되었다.

조사 대상국은 알제리, 콜롬비아, 영국, 에스토니아, 에티오피아, 독일, 이스라엘, 네팔, 노르웨이, 폴란드, 루마니아, 남아프리카공화국, 한국, 스페인, 터키 등이었다.

대체 무엇이 아직 불행에 대해서는 몰라도 될 아이들로 하여금 '나는 행복하지 않다'는 생각을 하게 하였을까?

아이들에게 "교실에 있을래? 밖에서 놀래?"라고 물으면 전부 밖에서 논다고 대답한다. 이것은 아이들의 본능이다. 이런 아이들을 학원, 교실이 아닌 자연으로 데리고 나오면 어떨까? 미술관, 박물관 등 인위적인 체험학습이 아닌 마음껏 뛰어놀 수 있는 공간으로 데려가는 것은 어떨까?

• • •

우리 교육은 생태교육, 자연교육을 강조한다. 생태교육의 '생태'는 흔히 말하는 숲보다 상위 범주의 개념이다. 숲이 자연적인 것만을 의미한다면 생태는 자연과 인공이 어떻게 이루어지고 어떤 상호작용을 하는지를 말한다. 이때 교사는 자연과 인공의 차이점에 대해 교육하고 학생들이 느끼게 해주면 되는 것이다.

자연을 배우고 느끼는 생태교육은 아이의 발달에도 좋지만, 무엇보다 정서 함양과 면역력 향상에 좋다. 그리고 굳게 닫혀 있는 아이의 마음까지도 치유하는 데 도움을 받을 수 있다.

학교는 '학생'을 중심으로 삶을 가르치는 곳이다. 그렇기 때문에 학교는 학생들이 땀 흘려 일하는 과정과 다양한 놀이를 통하여 무언가를 배울 수 있도록 해야 한다. 하지만 학교만의 다기능적인 면을 보자면 놀이를 중심으로 한 수업이 부족할 수밖에 없으므로, 나는 용기 내어 학생들을 자연으로 내몰아야 한다고 생각한다. 생태교육을 통해 아이들은 자연에서 삶의 경험을 얻을 수 있기 때문이다.

생태교육, 자연교육은 꼭 숲을 이용해야 한다고 생각할 필요는 없다. 꼭 시골이나 울창한 숲으로 가야 할 필요는 없다. 서울, 경기권이 각박하고 빌딩만 즐비한 도심일 것이라고 생각하지만, 가까운 곳에 학생들이 흙과 공기, 풀을 만지고 체험할 수 있는 곳이 얼마든지 있다.

주변의 작은 생명의 신비를 느끼고, 계절의 변화를 보며, 눈과 귀를 활짝 열어 감수성을 키우는 것이 아이들이 성장하면서 바른 인성을 키울 수 있는 절대적으로 필요한 요소라고 할 수 있다.

숲에서 놀다 보면 우리 '알아서 척척' 어린이들처럼 "이것은 무슨 나무인가요?" "어떤 꽃을 먹을 수 있나요?" "이 곤충은 뭐예요?"와 같은 질문이 쏟아진다. 이때 교사는 굳이 알려주지 않아도 된다. 그저 학생

점심 시간을 이용하여 다양한 놀이를 하는 어린이들

들 스스로 호기심이 생기고 문제를 찾아보고 자연을 만끽할 수 있도록 조력자의 역할을 해주면 된다.

'알아서 척척' 수업에서 볼 수 있듯이, 자신과 닮은 나무, 닮고 싶은 곤충, 이 꽃은 무슨 생각을 하고 있을까? 하며 대화 나누기 등 학생들의 자연적인 감성을 풍부하게 할 수 있는 소재들이 많다.

자연을 통해서는 감성교육, 인성교육을 할 수 있을 뿐만 아니라, 자연에서 얻어지는 편안함과 푸근함은 아이들의 마음을 안정되고 따뜻하게 만들어 준다.

더불어 전략놀이

'알아서 척척' 캠프가 1년 정도 진행되면서 규모가 어느 정도 커졌

알아서 척척

고, 엄마 교사 셋이 학생들의 교육을 세심하게 돌보기에는 인력이 턱없이 부족하였다. 그렇다고 교사를 더 영입하기에는 인건비도 없었고, 우리는 우리의 수업에 대해 좀 더 이해하고 잘 지도해 줄 수 있는 교사가 필요했다.

우리 셋은 고민 고민하다가 춘천에 있는 전인고등학교 학생들에게 봉사를 해달라고 도움을 요청하였다. 학생들은 바쁜 주말 일정임에도 불구하고 선뜻 '알아서 척척' 어린이들을 위한 도우미 역할을 해주기로 하였다. 주말에 춘천에서부터 오는 것이 매우 피곤한 일이었을 텐데, 학생들은 아이들과 정말 신나게 잘 놀아 주었으며, 고학년들에게는 멘토 역할도 톡톡히 해주었다.

'알아서 척척'의 지난 과정은 관계를 여는 장으로, 갖가지 다양한 마음을 안고 온 아이들이 조심스러운 탐색과정을 통해 스스로 마음의 문을 열게 되는 수업이었다면, 올해부터는 열린 마음으로 '자기다움'을 한껏 드러낼 수 있는 수업을 기획하였다.

꽃향기와 온갖 새 소리로 가득한 행복의 숲에서 모든 숲 생명체가 서로 도우며 매순간 행복을 선택하며 상생하듯이, 우리 아이들 앞에 펼쳐지는 '알아서 척척' 프로그램 수업이 아이들에게 자유로움과 행복을 선물해 줄 수 있는 시간이길 바라는 마음으로 수업을 기획하였다.

고3 수험생이면서도 마지막 한 번만 더 함께하겠다며 마음을 내준 승한 학생과, 춘천이라는 먼 거리도 마다하지 않고 와 준 미리내와 선재. 이렇게 멋진 청년들과 함께 수업을 하게 되어 너무 행복하고 감사했다. 거기에 학생들의 동영상을 찍어 주며, 무보수로 촬영기록과 안전도우미로 지원해 주신 제임스님에게도 이렇게 서면으로나마 감사한 마음을 전해 본다.

처음에는 막막하고 어려웠던 일들이지만, 우리는 이렇게 여러 사람의 도움을 통해 하나씩 차근차근 진행해 나갔다.

이번 프로젝트 수업은 전략놀이를 통해 학생들이 더불어 협동하며, 놀이를 통한 경쟁의식을 갖는 데 수업의 목적을 두었다.

전통놀이는 이른바 '홍청놀이'라는 것이다. 오래전부터 전해져 내려오는 놀이임에도 대부분의 사람들에게는 잘 알려지지 않은 놀이였다. 우리는 해봄 노선미 선생님의 아버님이 직접 대나무를 끊어다 정성스럽게 만들어 주신 대나무 패로 놀이를 진행할 수 있었다.

'알아서 척척' 체험학습 지도안

교사	· 주 교사 : 향초, 맑은솔, 따뜻한님 · 도우미 교사 : 승한, 선재, 미리내 · 학부모 도우미 : 서정호, 제임스	장 소	반석산 & 노작호수공원
학생 구성	· 총 : 25명 1학년 : 4(여)/ 2학년 : 5(여) 3학년 : 2(여)+3(남)/ 4학년 : 1(여)+4(남) 5학년 : 4(여), 4(남)	일 시	2017/4/16
		소요경비	–입장료 무료

활동 단계	활동 과정	교수·학습 활동	교사 준비(★) 및 유의점(♠)
준 비 활 동	인원 점검 & 마음 열기 (풍선/선물)	○ 인원 점검 및 명찰 부착 : (각 모둠 인원 담당 교사가 확인) ○ 더불어 마음 열기(전체 진행 : 향초) – 둥글게 고리 걸어 원 만들기(전체) 　(손가락/팔짱/허리→인사 나누기) ○ 마음 열기 프로그램(풍선 속 선물)/향초 – 각자 나누어 준 풍선 스스로 불기 – 서로의 몸을 이용하여 터뜨리기 – 풍선 속 선물을 확인하고 이름표에 부착토록 하여 　상기시키기 ○ 각 모둠별 이동 – 각 담임과 선물의 의미와 각자 산행과 놀이에서 스 　스로 구현 방법 이야기 나누기 – 산행 관련 안전지침 전달 (모둠별 담임)	★ 교사 준비사항 : 구급약품, 학생 명단 및 연락처, 롤링페이 퍼 담은 풍선, 이름표 ★ 건강 상태 확인 ★ 풍선 속 선물카드 · 고마움, 배려, 사 　랑, 기쁨, 자신감, 　용기, 칭찬

중심 활동	체험활동	○ 숲 산책 및 숲 생명체 모습 관찰 – 미션 : 숲 생명체들은 어떻게 선물 속 주제를 표현하고 드러내고 있을까? – 출발은 각 모둠별로 준비 마치면 천천히 산행 시작/ 어른 걸음으로 정상까지 7분이나, 제한 두지 않고 숲 관찰하며 각자 속도로 11시에 정상 팔각정 집결 ○ 생태학습관에서 모둠활동 – (선물 주제 관련 숲 관찰 통해 찾아낸 이야기들 나누기) ○ 생태학습관에서 모둠활동 – (선물 주제 관련 숲 관찰 통해 찾아낸 이야기들 나누기) ○ 생태학습관에서 공원으로 이동(10분 소요) 후 점심 식사(전체 둥글게 모여서) ○ 전략놀이(모두 어울려 활동 가능) – 놀이 규칙과 진행 방법 설명 – 회차를 거듭하며 전략 평가와 룰 조정. 조율 ○ 모둠별로 정리 활동 진행 ○ 원래의 집결지(복합문화센터)로 이동 ○ 학부모님께 학생 인계 ○ 다음 활동 안내 : 5/21(일) 과천	♣점심 식사 후 쓰레기는 가방에 넣어 가도록 지도 ★전략놀이는 교사, 도우미도 학생들과 함께 모두 참여 특히, 아이들이 위험한 곳으로 가지 않도록 안전에 주의

〈홍청놀이란?〉

1. 홍청놀이는 전술 전략 게임이다. 모두가 모여 가운데에 있는 사람이 던진 대나무 패를 줍는다.

2. 대나무 패에는 홍색과 청색 중 하나의 색깔과 숫자가 쓰여 있다. 색깔은 자신의 팀을 의미하며 숫자는 자신의 계급을 의미한다.

3. 교사는 대나무 패를 손에 쥐고 멀리 하늘로 흩뿌려 준다. 그러면 학생들은 떨어진 패를 한 개씩만 주워서 자신의 팀과 패를 확인한다.

4. 서로의 팀인 홍과 청을 확인한 후 패를 같은 팀끼리 보여줘 서로의 숫자 번호를 확인한다. 숫자가 1과 가까울수록 계급이 높고 힘이 세고, 마지막 번호는 그 팀의 목숨이 된다.

5. 제일 마지막 번호가 잡히게 되면 그 팀 전체가 패배하게 된다. 그 팀의 1번은 왕이다. 왕은 상대팀 중에 아무나 잡을 수 있다.

6. 게임에서 승리하려면 상대편 모두를 잡거나 제일 마지막 번호를 잡으면 된다.

7. 상대를 잡는 방법은 술래잡기와 동일하다. 상대방을 잡으면 서로의 패를 확인하고 숫자가 낮은 사람이 승리한다.

8. 번호로 승리한 사람은 패배한 사람에게 대나무패를 받는다. 만약 같은 번호의 숫자끼리 만나면 가위바위보를 하여 승패를 결정한다.

더불어 살아나는 전략게임 I

〈홍청놀이〉

■ 놀이 개요

다양한 아이들을 포용할 수 있는 집단놀이로, 참가자 전원이 스스로 주어진 역할을 조정, 조율해 가며 놀 수 있는 전략게임이다.

자유롭게 자기의 개성을 발휘할 수 있고, 상대방의 입장을 배려하고 고려하여야만 이길 수 있는 놀이로, 학년이 높거나, 힘이 세거나, 머리가 좋거나, 능력이 뛰어나거나 등등과 상관없이 자기가 가진 그대로의 모습으로 서로 도와가면서 하나 되는 일체감을 만들어 내는 놀이다.

■ 목표

1. 더불어 살아가는 것을 알 수 있다.
2. 친밀한 관계를 형성할 수 있다.
3. 관계와 역할 속에서 새로운 나의 모습 발견하기

■ 준비물

홍청놀이용 대나무패(진행자가 인원수만큼 짝수로 준비)

■ 진행 방법

1. 참가자 전원을 동그랗게 모은 후 진행자는 원 가운데서 준비된
   대나무패를 하늘 향해 적당한 높이로 던진다(바닥에 흩뿌려지는 정
   도를 고려하여 던질 것).

2. 바닥에 떨어진 대나무패를 각자 하나씩만 집는다.
   (1인1패 원칙)

3. 대나무패에 적힌 홍, 청에 따라 두 팀이 꾸려지며, 적힌 숫자가
   바로 자신의 역할과 임무가 된다.

4. 홍팀, 청팀이 꾸려지면 역할 조정 및 이기기 위한 전략을 짠다.

5. 역할 조정 및 전략 짜기
   – 숫자 1번은 팀의 대장 / 가장 마지막 번호는 그 팀이 지켜내야
     할 보물
   〔핵심 : 숫자 1에 가까울수록 강자, 마지막 번호패를 뺏기면 그

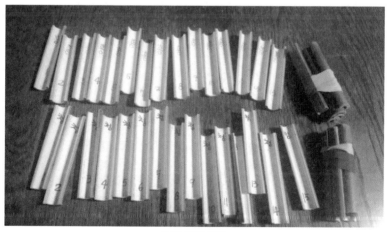

홍청놀이 대나무패

팀은 무조건 패배)

⇒ 힘이 셀수록 약자를 보호하고 지켜내야만 팀이 살아날 수 있으며 전쟁에 이길 수 있음.

⇒ 같은 팀원의 얼굴을 미리미리 익혀 놔야 전쟁 시 서로 불필요한 에너지를 뺏기지 않음.

6. 각 팀 전략 수립이 완료되면 두 팀의 전쟁 시작

⇒ 전쟁이 시작되면 상대방과 접선이 시작되며, 상대의 몸에 손이 닿게 되면 서로 동시에 패를 꺼내어 숫자를 확인해야 함.

   (숫자가 낮은 사람이 이김. 숫자가 같을 경우 가위바위보)

⇒ 패를 뺏긴 사람은 아웃

⇒ 내가 가진 번호가 상대팀에게 노출되지 않도록 하는 게 이기기 위한 전략 중의 하나임.

* 게임이 끝날 때마다 각 팀은 어떤 전략이었는지를 이야기하고, 승패의 원인을 스스로 찾아볼 수 있도록 충분히 이야기를 나누며, 새로운 규칙을 추가하거나 조정하여 진행할 수 있도록 지도.

전략게임 홍청놀이 · 집만세놀이

"아~~ 힘들어요. 그만해요."

"아니에요, 한 번 더 해요."

아이들의 요구는 모두 같지 않다. 그렇지만 우리는 아이들이 자라는 동안 활동을 통해 몸을 포함한 오감으로 배우는 것이 너무나 많기 때문에 활동 중심으로 프로그램을 짠다. 그렇기 때문에 수업을 지도하는 선생님들은 몇 배로 힘들다.

가장 걱정되는 것은 안전문제, 그리고 똑같이 아이들과 뛰어야 하고, 목이 터져라 설명해야 하는….

홍청놀이는 해봄 노선미 선생님의 어릴 적 놀이라고 한다. 노선미 선생님은 그 놀이에 대한 추억을 이야기할 때마다 눈을 반짝이며 흥분하여 이야기한다. 하루 종일 놀아도 지겹지 않았고, 다른 놀이와 달리 제일 막내를 보호하고 지켜야 팀이 이길 수 있기 때문에 강대강의 게임이 아니라 약자를 보호하는 게임이었다. 그렇기에 자신을 위장하고, 상대를 속이고, 함께 다니는 등…. 다양한 전략을 짤 수 있다고 누누이 강조했다.

그 놀이를 자신의 아이를 포함한 다른 아이들이 할 수 없는 것이 너무 안타깝다고 이야기했다. 그래서 이번에 시골에 계신 아버지께 대나무도 깎아 달라고 부탁드려서 놀이기구를 공수 받았다.

잠깐의 설명과 함께 놀이 시작.

아이들의 성격이 다 드러난다. 절대 패를 고르지 말라고 해도 자꾸 고르는 아이, 1번이라고 막 나갔다가 첨으로 만난 상대가 상대의 1번. 가위바위보를 져서, 다 휘저을 줄 알았던 게임 첫 판에 쉬러 간 아이, 전략이고 뭐고 그냥 막 뛰어다니는 아이, 전체 팀을 보고 작전을 짜는 아이, 전체를 아우르지 못하지만 삼삼오오 보호하며 다니는 아이, 마지막 번호를 가지고 있었음에도 1번처럼 다 나와~~ 하며 배짱을 부리는 아이….

게임을 하면 할수록 아이들은 자기 번호를 어떻게 활용할지, 그리고 끝까지 살아남는 법을 조금씩 배운다. 서먹했던 아이들 얼굴에는 화색이 돌고, 그제야 개인전이 아니라 전략을 짜야 하는 것을 알게 되었다.

점심을 먹고, 자유시간과 긴 줄넘기…. 언제 또 이렇게 뛰어 볼 건가. 더운 줄 모르고 뛰고 또 뛰고 발바닥에 불난다는 아이들은 아마 운동회보다 더 많이 뛰고 또 뛰었을 것 같다.

다양한 현장에서 오랜 교육 경험을 가진 따뜻한 김석주 선생님은 몸놀이가 아이들의 응어리진 가슴과 스트레스를 풀어 준다고 믿는다. 나 또한 그렇다고 생각한다. 그렇게 마음에 있는 무언가를 풀어 내야지만 본래 자신의 모습을 볼 수 있다고… 진정한 에너지가 큰 그릇으로 오랫동안 뿜어낼 수 있다고….

그러기에 아이들은 '알아서 척척'에 오면 뜻하지 않은 행동과 말을 한다. '아이들이 왜 이렇게 무례하지?' '어떻게 그럴 수 있지?'라고 하기보다 우리 교사들은 그냥 그 모습을 공감하거나 받아 준다. 적극적으로 받아 주지 않아도 된다. 그냥 "그랬구나, 속상했구나…."라는 말만으로도 아이들은 이미 많은 것을 풀고 얼굴이 환해진다. 그렇게 표출하면서 자신의 에너지를 다듬어 내는 것이다.

그래서 우리는 또 몸놀이!! 이번에는 집만세놀이다. 아이들도 지쳤고 선생님들도 지쳤지만 물러설 우리가 아니다. 조금이라도 해야지 다음에 더 재미나게 할 수 있으니까?

몸놀이도 훈련이고, 이렇게 스트레스를 해소하는 것도 훈련이다. 익숙해져야지 스스로 스트레스를 푸는 여러 방법을 찾아낼 수 있다. 더웠지만 아이들은 다른 팀의 집을 뺏으러 갔다.

컴퓨터 게임에서 다른 팀의 집을 뺏는 것과는 다른 전략과 작전이 필요하리라. 이 놀이는 팀끼리 협동을 해야만 한다. 우리 팀이 손을 놓치면 수에 밀리고 상대팀에 터치 당하여 팀원을 빼앗기게 된다. 서로 협력하여 같이 움직여서 상대팀의 집을 터치하면 이기는 게임이다.

출처: 전략게임 홍청놀이 그리고 감동의 도시락 (알아서 척척) | 작성자 맑은솔

홍청전략놀이는…

어려서 온 동네 남녀노소를 모두 끌어들여 함께 놀았던 전설적인 전략놀이다. 하면 할수록 놀이의 새로운 진가를 하나씩 하나씩 스스로 발견하며 터득하게 되는 신기한 놀이다.

승패가 중요하지 않고, 서로 돕고 자신의 팀 전체를 조망할 수 있는

시각을 가지도록 하는 스케일이 큰 전쟁놀이.

대장(리더와 준리더들)은 팀의 가장 약자를 지키지 않으면 이길 수 없다. 각각의 숫자는 자신의 역할과 직급이라 할 수 있으나 은신술, 처세술로 조직적인 힘을 자유자재로 쓰게 만든다. 그야말로 구성원 각각의 다움을 살려, 전략과 전술을 어떻게 쓰느냐에 따라 승패가 나뉠 수 있는 대단한 전략놀이다.

하지만 아이의 성향과 펼쳐지는 상황에 따라 각자의 다움들이 거칠게 드러날 수도 있다. 본성을 드러냄으로 갈등과 다툼이 증폭되는 돌발 상황이 생길 수도 있으며, 야외 공간에서의 몸놀이 형태이다 보니 넘어질까, 다칠까 항상 안전부분이 마음 쓰이며 조심스럽긴 하다.

나는 수차례에 걸쳐 학교 현장에서 다양한 방법으로 시뮬레이션을 돌려 보고 사전반응을 살피며 어떤 차이점이 있는지 논의과정을 거쳐 보았다.

공립학교의 3학년 학생들을 대상으로 홍청놀이를 진행해 보았다. 학생들은 너무나 행복해하고 재미있어 했다. 평소에 하던 피구게임이나 이어달리기 같은 경쟁놀이로 보이지만, 함께 협동해야 하는 놀이라 그런지 학생들은 신선한 재미에 푹 빠져 홍청놀이만 한다고 하면 신이 났다.

> We do not learn from experience.
> We learn from reflecting on experience.
>
> – Jone Dewey

그런데 '알아서 척척' 학생들과 달리 우리 반 학생들에게 없는 것이 두 가지 있었다.

첫째, 학생들 간에 말다툼이나 싸움이 없었다. '알아서 척척'에서는 서로 말다툼을 하고, 자신이 갖고 싶은 번호에 대한 욕구도 커서 자신이 그 번호를 갖기 위해 논쟁을 하기도 하였지만, 우리 반 학생들은 자신이 주운 번호의 대나무패를 그냥 손에 쥐고 게임을 진행하였다. 싸울 일이 없다는 것은 팀원들끼리 의사소통이 없다는 것이다.

둘째, 전략이 없었다. 팀원끼리 서로 달리기가 빠른 아이, 힘이 없는 아이, 성향이 조용한 아이, 눈치가 빠른 아이 등 학생들의 성향에 맞게 다양한 전략을 짤 수 있었으나, 학생들은 전혀 소통하지 않고 바로바로 시작을 하는 것이었다. '알아서 척척' 학생들은 놀이를 하는 시간보다 전략을 짜는 시간이 더 오래 걸렸을 만큼 치밀하게 계획을 세워 놀이를 진행하였었다.

우리 교사들은 너무나 확연히 드러나는 다른 양상에 좀 충격을 받았고, 그 원인에 대해 논의해 보았다. 그에 대해 우리가 내린 결론은, '알아서 척척' 프로젝트 수업이 허용적인 분위기와 학생들의 주도로 만들어지는 수업이었기 때문이라는 것이다.

일반학교의 수업은 대부분 교사가 주도하고, 다수의 학생들을 교사가 관리하다 보니 허용적인 분위기보다는 강압적인 분위기가 형성될 수밖에 없지 않았나 싶다.

'알아서 척척' 수업에 와서 무례함을 드러내는 학생들을 보며 암담

할 때도 있었고, 어떻게 도와가야 하나 고민도 하였지만, 이번 홍청놀이를 통해 아이들이 자신의 다움을 드러내고, 놀이를 통해 스트레스를 풀어 가는 모습들이 진정 아이다운 모습이라는 생각을 절실히 하게 되었다.

일반학교에서는 불만을 말하거나 하고 싶은 말들을 마음껏 하기가 참으로 어렵다. 수업시간을 침해당하는 불편함도 있고, 30여 명의 학생들의 말을 일일이 귀담아 들어 줄 만큼 교사들에게 여력이 많지 않기 때문이다.

학생들에게는 당연해야 할 무언가가 어른들에 의해 차단되고 있다는 생각을 하니 참으로 서글픈 생각도 들었다. 그럼에도 우리 엄마 교사들은 조금 힘들어도 이렇게 프로젝트 수업을 만들어 가고 있다는 것에 감사함을 느꼈으며, 잘 하고 있다고 우리 스스로를 칭찬하는 시간이 되었다.

　우리는 이렇게 '알아서 척척' 수업을 통해 학생들을 성장시키고, 도움을 주는 교육을 하고자 하였으나, 수업이 진행되면 될수록 오히려 엄마 교사인 우리가 성장하고 있음을 느끼게 되었다. 수업 기획을 위해 셋이 모여 논의하고 논쟁하며 수업을 만드는 과정에서, 또 아이들과 함께하는 수업 속에서 우리는 내면의 힘을 키웠고, 아이들을 통해 얻어지는 큰 행복감이 있었다.

　프로젝트 수업의 장에 속해 있는 그 누군가들은 이렇게 함께 성장하고 있는 것이다.

더불어 살아나는 전략게임 II

〈집만세놀이(야외활동)〉

■ 놀이 개요

여러 다양한 아이들을 포용할 수 있는 집단놀이로, 참가자 전원이 스스로 주어진 역할을 조정, 조율해 가며 놀 수 있는 전략게임이다. 자유롭게 자기의 개성을 발휘할 수 있고 팀원의 협업이 이루어져야 이길 수 있는 놀이로, 학년이 높거나, 힘이 세거나, 머리가 좋거나, 능력이 뛰어나거나 등등과 상관없이 자기 가진 그대로의 모습으로 서로 도와가며 팀별 전략수행을 통해 목표를 이루는, 더불어 하는 놀이다. 자발적 참여와 순발력과 재치 등이 동원되면 더욱 재미있게 즐길 수 있다.

■ 목표

1. 더불어 살아나기
2. 친밀한 관계 형성
3. 목표 달성을 위한 관계와 역할 속에서 전략 수행을 통해 새로운 나의 모습 발견하기

■ 준비물

집 대문/건물의 벽 활용

■ 소요시간

1시간 이상(반복하면 반복할수록 빠져들며 흥미를 느낄 수 있는 놀이임)

■ 인원

10~30명(집단놀이로 인원수가 많을수록 재미있음)

■ 물리적 환경

집 대문을 지정할 수 있도록 건물 벽이 있는 야외(넓은 실내에서도 가능)

■ 놀이 규칙 및 진행 방법

1. 목표 : 우리 집(대문) 지키기(핵심 : 틈 주지 않기 & 틈을 노리기)

    (적에게 집(대문)을 빼앗기면 지는 놀이로 상대방이 내 집(대문)에 '찍공'하

    면 무조건 짐)

- 집 지키기 핵심 : 내 집에서 몸(손, 발)을 떼지 않은 상태에서 적
  의 몸에 내 손이 닿으면 적이 아웃됨.

- 집 빼앗기 핵심 : 상대방의 집에 손을 대고 '찍공'이라고 큰 소
  리로 외치면 승리.(내 집에 손이나 발 등이 닿은 상태에서 침입한 적의
  몸에 내 손이 닿으면 적은 아웃되나, 반대로 내 집에서 몸이 떨어져 있는
  상태에서 적과 접촉한 문지기는 모두 아웃)

2. 두 팀으로 나누고 적정한 거리에 위치한 건물 벽에 각자의 집(대
   문)을 지정한다. (Tip. 인원수에 따라 적절한 대문 크기를 지정하는 게 좋
   으며, 인원수가 많을 경우 넓은 대문이라야 더 재미있음)

3. 각 팀은 전략 수립을 통해 문지기와 공격수 등 팀원들의 역할을
   정한다. (Tip. 협업이어야 집(대문)도 지키고 살아남을 수 있으며, 혼자 단
   독으로 활동할 경우 적에게 금방 잡힘)

4. 팀별 전략이 수립되면 수비와 공격이 시작됨.

5. 빠르고 순발력이 좋은 사람이 상대방 집 빼앗기 공격에 나서면
   유리함.

6. 문지기들은 적에게 틈을 주지 않아야 하며, 상황에 따라 서로서
   로 뭉치고 흩어질 줄 알아야 집을 지키고 적을 물리칠 수 있음.

7. 적에게 아웃된 사람은 포로가 되어 붙잡혀 있게 된다.(포로 살리는
   방안 찾기)

* 매회가 끝날 때마다 각 팀은 어떤 전략이었으며 승패의 원인은 무엇이었는지 스스로 찾아
볼 수 있도록 충분히 이야기 나누고, 새로운 규칙을 추가하거나 조정하여 진행할 수 있도록
지도.

미션 해결형 놀이 수업

　우리는 공립학교에서 억눌려 자유로움과 아이다움을 펼치지 못하는 아이들을 위해 놀이 중심의 수업으로 방향을 잡아 가고 있었다. 왜냐하면 몇 차례 이루어진 놀이 프로젝트 수업에서 아이들은 자신들만의 모습을 가장 자연스럽고 솔직하게 드러냈기 때문이다.

　이번에는 학년을 달리하여 한 모둠을 만들어 팀원들끼리 협업하고 의사소통을 하여야만 해결할 수 있는 미션 해결형 프로젝트 놀이 수업을 기획하여 보았다.

　아이들이 제일 좋아하는 서울대공원. 날씨도 좋아서 동물 구경하기 딱 좋은 날. 직접 전철을 타고 서울대공원에 찾아오는 일련의 과정들로 학생들의 미션이 시작되었다.

· · ·

　오늘은 각 팀별로 10가지의 미션을 수행해야만 한다. 지도를 한 장씩 받고, 교사가 제시한 목적지까지 코스를 달리며 도착하여 미션 수행을 확인받으면 된다.

　첫 번째 미션, 각 팀원끼리 "파이팅"을 크게 외치며 출발!

　굉장히 간단한 미션 같지만, 처음 만나 어색한 팀원끼리 서로 함께하자는 무언의 약속이다. 파이팅이란 말은 어마어마한 영향력을 가지고 있다. 함께 뜻이 모아지지 않으면 절대 파이팅이 되지 않는다. 각 팀들은 어느 팀보다도 멋지고 씩씩하게 파이팅을 외치며 출발하였다.

두 번째 미션, 팀원들 간에 풍선을 바닥에 떨어트리지 않고 연속으로 튕기기!

학생들에게는 엄청 쉬워 보이는 미션이라 다들 만만히 보고 실행하였지만, 생각보다 쉽지 않다. 왜냐하면 한 사람이 연속으로 두 번을 튕길 수 없기 때문이다. 내가 한 번 풍선을 튕기면, 그 다음은 다른 팀원이 튕기기 좋게 던져 주어야 하기 때문에 어렵다.

세 번째 미션, 또래의 친구들과 묵찌빠 게임하여 이기기!

솔직히 어른들도 낯선 사람에게 선뜻 다가가 길을 물어보는 일도 쉽지 않다. 하물며 어린 아이들이 또래 친구에게 먼저 말을 걸어 묵찌

또래의 친구와 묵찌빠 하기

빠 게임을 하자고 제안하는 것은 생각만큼 쉬운 일은 아니다. 하지만 학생들은 용기를 냈고, 또래 친구들과 묵찌빠 게임을 몇 판 하며 한바탕 웃는 시간이 되었다. 지나가던 또래 친구가 자신도 이 미션에 참여하면 안 되는지 물어볼 정도였다.

네 번째 미션, 팀원들과 점프 샷 찍기!

점프 샷에 성공한 어린이들

　학생들의 마음이 잘 맞지 않으면 쉽지 않은 인증 샷이다. 학생들은 땀을 뻘뻘 흘리면서 하나 둘 셋을 외치고 점프! 점프! 또 점프를 하였다. 땀이 뻘뻘 나면서 누가 실수를 하면 원망스럽고 짜증도 나고…. 하지만 학생들은 누구 하나 화내는 법 없이 도전~ 또 도전하여 인증 샷을 완성하였다.

　다섯 번째 미션, 유모차 끌고 다니는 부모님 만나서 안마해 드리기!
　어린이들에게는 신나고 재미있는 나들이 시간이겠지만, 일주일 내내 일을 하고, 아이들을 위해 공원에 온 부모님에게는 피곤한 하루일 수 있다. 부모님께 대한 감사한 마음도 키우고, 아이들을 위해 공원에 오신 부모님들에게 작은 기쁨이라도 전해 주기 위해 미션을 수행해 보았다. 당연히 부모님들은 작은 이벤트에 너무 행복해하셨고, 어린 꼬마들과 사진도 찍으며 추억을 만들었다.

여섯 번째 미션, 팀에서 가장 나이 어린 팀원과 선글라스 낀 아저씨를 만나 하이파이브 하기!

제일 낯가림이 심하고, 어색하게 참여하고 있을 어린 팀원들을 위한 미션이다. 숨은 그림처럼 선글라스를 낀 아저씨를 찾아 하이파이브를 한다? 사람에 대한 두려움도 없애고 친근하게 다가설 수 있는 여러 가지 방법을 학생들은 미션을 통해 체험하고 있었다. 학년이 높은 팀원들은 어린 팀원이 미션을 잘 수행할 수 있도록 자상하게 배려하고 도와주는 모습이 멋졌다.

일곱 번째 미션, 대학생 커플 만나서 이구동성 게임하기!

학생들은 이번 대공원 미션을 통해 다양한 사람들을 만났고, 다양한 게임을 하였다. 넓은 동물원에서 단순히 동물 구경만 하는 것이 아니라, 즐겁게 동물원을 구경하며 미션을 즐겼다.

이 외에도 동물의 배변 관찰하기 등 다양한 미션들이 있었다.

학생들은 정성스럽게 싸온 김밥을 먹고, 간단한 물놀이를 하며 오후 시간을 여유롭게 보냈다.

알아서척척「우정은놀이기구를타고!」

☆ 모둠명 –

☆ 모둠원 –

1. 모둠 이끄미를 선발해 주세요.

2. 모둠 이름을 선택해 주세요. "감사, 배려, 행복, 사랑" 오늘 알척의 주제입니다.

3. 모둠은 늘 함께 다닙니다. 지도를 보고 모둠 이름을 떠올리며, 함께 이동해 주세요.

4. 미션은 절대 혼자 하지 않고, 모둠을 배려하고 함께 의논하며 수행하도록 해요.

5. 미션에 협조해 주신 분께 꼭 감사의 인사를 드리도록 합니다. (★가장 중요!!)

6. 미션의 순서는 상관이 없습니다.

단계	미션 내용	선생님 확인
1	손을 하나로 모으고 팀명 '00,00,00 파이팅' 외치며 출발하기	
2	연인 또는 청소년 언니 오빠와 이구동성 게임해서 맞추게 하기 (우리 팀 4명이 문제 내기) – 이구동성 문제 : 사랑해요. 감사해요. 행복해요. 배려해요. 고마워요. 함께해요. (또는 팀에서 정해도 됨.)	
3	또래 학생에게 인사하고, 묵찌빠 게임 하기 – 1인당 1명씩 만나서 묵찌빠 게임 하기	
4	놀이기구를 타기 전 무서워하는 친구 용기 주기	
5	기다리는 동안 서로 끝말잇기 하기	
6	유모차 끌고 다니는 부모님을 만나 안마해 드리기 – 10회	
7	가장 재밌는 놀이기구 앞에서 모둠원 모두 점프하는 사진 찍기 – 선생님이 찍어 주세요.	
8	기다리는 동안 오늘의 팀명에 맞는 경험 친구에게 들려주기 (~~ 해서 참 감사하다. ~~~ 하는 동안 00를 배려했다. ~~를 사랑한다. ~~할 때 사랑을 느낀다. ~~하는 것은 참 행복하다 등)	
9	친구가 놀이기구 타는 장면 찍어 주기	
10	모둠원끼리 신나게 놀고 3시 30분 서울랜드 정문(밖으로 나가지 말고)에서 알척 친구들 모두 만나기	

이날 전인고등학교 학생들의 도우미 참여 이외에도 내가 초등학교 때 가르쳤던 제자가 대학생이 되어 도우미로 참여하였다. 참으로 의미 있는 시간이 아니었나 싶다. 나와 함께 10여 년 전 프로젝트 수업을 하며 교육을 받았던 제자가 멋지게 성장하여, 또 다른 나의 제자들에게 도움을 주려고 이렇게 참여하였다. 제자를 보면서 나는 다시 한 번 프로젝트 수업에 대한 확신과 믿음이 생겨났다.

우리가 진행한 '알아서 척척' 프로젝트 수업은 누구나 수업에 참여할 수 있다. 학생들의 자람을 돕겠다는 의지가 있다면 말이다.

• • •

듀이(Dewey, 1993; Dewey & Small, 1897)는 학생들이 추상적 또는 현실적인 장애물을 마주했을 때 해결책을 세워 실천해 보도록, 학생들에게 그런 장애물을 제시하는 것이 교사의 역할이라고 믿었다. 교사는 학생들이 스스로 의미를 발견할 수 있도록 안내하며 함께 학습 과정에 참여하여야 한다고 하였다. 따라서 교사의 판단, 지도, 영향력을 중시하지 않는 프로젝트는 실패로 이어지거나 학생들의 도전의식을 자극하지 못할 가능성이 높다고 하였다. 또한 높은 기준, 탁월함에 대한 안목 등 학생들이 교사로부터 배워야 할 중요한 것들이 있다고 주장하였다.

'알아서 척척' 교사에게는 숨은 의도가 있고, 수업 목표가 있지만, 학생들은 이것이 수업인지 전혀 느끼지 못한 채 참여하고 있는 것이다. 교사들은 수업 속에 녹아들어 학생들과 함께 수업에 참여하였지만, 학생들은 교사들을 그림자교사로 인식하고 전혀 존재감을 느끼지 못하였다. 이것이 우리 '알아서 척척' 프로젝트 수업의 장점이다.

> 교사는 학생이 사고하고, 탐구하며, 성찰할 수 있는 상황을 만들어 내는 존재이다. 즉, 프로젝트를 구상하고 계획하는 일을 한다. 교사는 학생이 배울 가치가 있는 것을 붙들고 씨름할 수 있도록 이끌고, 학생이 성공할 수 있도록 학습에 대한 비계(Scaffolding)와 자료를 제공해야 한다. 생산적인 프로젝트를 위해 학생에게 최대한 많은 책임감을 부여하고, 학생들이 프로젝트의 목표를 파악하고 그들 자신의 배움에 대해 책임감을 갖도록 관리해야 한다. 이러한 실천을 '프로젝트 기반 교수법(Project Based Teaching)'이라 정리할 수 있다.
>
> 출처: 존 라머 · 존 머겐달러 · 수지 보스(2017). 프로젝트 수업 어떻게 할 것인가?

우리 '알아서 척척' 교사들은 수업에 대한 고민할 때, 늘 이 수업이 아이들에게 어떤 사람이 될지를 고민한다. 그리고 가장 중시했던 것은 학생들이 자유스러움과 아이다움을 마음껏 펼쳐낼 수 있는 수업이었다.

> 생각하는 것을
> 가르쳐야 하는 것이지,
> 생각한 것을 가르쳐서는 안 된다.
>
> -독일의 건축역사가
> CORNELIUS GURLITT

지식적인 측면이야 학교나 책을 통해 얻을 수 있으므로, 늘 억눌려 생활하고 있는 우리 아이들에게 '알아서 척척' 수업이 진행되는 동안에는 자유스러움을 주고 싶었다.

우리의 수업은 복잡하거나 까다롭지 않았다. 이 글을 쭉 읽어오면서 느꼈을 것이다. 이것이 무슨 수업이야? 그냥 아이들 데리고 노는 거 아니야? 이런 수업은 나도 하겠다.

하지만 나는 자부할 수 있다. 교사들이 하나의 수업을 기획하기 위해 얼마나 정성을 들였으며, 고민하였는지를. 남들에게 보여주기 위한 화려하고 복잡한 수업이 아니라, 학생들의 입장에서 학생들이 행복해하고 즐거워하는 수업을 기획하기 위해 노력하였다는 것을….

그래서 학생도 행복하고, 교사도 행복하고.

학생도 자람이 되고, 교사도 함께 성장하는 수업이었다고.

우리는 그렇게 서로 스승이 되었다고.

'알아서 척척'에 참여한 학생과, 우리 세 명의 교사는 수업을 마치고 나면 수업 전체를 성찰하고 서로의 생각을 공유하고 의견을 나누었다. 메타인지(metacognition, '알고 있음을 아는 것'을 의미한다. 자신이 수행 중인 인지 과정 자체를 인지하고 관장하는 상위의 인지과정을 뜻한다.)라고도 하는 성찰의 과정은, 학생들에게 문제해결 과정을 검토하고 더 나은 방안을 모색하는 기회를 준다.

아이들이 너무 복잡한 프로젝트를 수행하는 것이 위험한 이유는 단순히 프로젝트가 엉망이 되고 결과물 또한 조잡해지기 때문이 아니다. 이는 사소한 문제일 뿐이다. 그보다는 기준을 망칠 위험이 크다는 게 진짜 중요한 문제다.

– 존 듀이(Dewey, 1916)

3. 체험형 프로젝트 수업

박물관 체험 프로젝트 수업

우리는 놀이를 중심으로 하는 체험형 프로젝트 수업도 진행해 보았다. 교과와 연계하여 프로젝트 수업이 진행되었다는 것이 그 의미가 있겠다.

우리나라의 교육은 대부분 학교와 학원에서 단기 속성으로 이루어진다. 그리고 많은 내용을 다루다 보니 단편적인 사실을 나열하는 데 그치기 십상이다. 예를 들어, 역사 수업의 경우 역사적 해석은 고사하고 역사적 사건을 입체적으로 습득하는 것도 어려운 게 현실이다.

또 박물관에 가면 주말마다 역사 선생님들과 학습지를 들고 따라다니면서 설명을 듣고 빈칸을 채우는 학생들을 종종 볼 수 있다.

"쉿! 떠들지 마세요! 뛰지 말고 손 붙잡고 줄 맞춰서 가요. 그만 그만… 만지지 마세요."

박물관에서 우리 아이들이 제일 많이 들어야 하는 말이다. 약간만

박물관 관람을 즐기는 학생들

흐트러져도 부모님과 선생님이 주의집중 시키는 모습을 보며 안쓰러운 생각이 앞선다. 박물관에서 떠들고, 뛰어다니고, 만지고, 부수는 것을 방지하기 위한 것이겠지만, 이 어린이들은 박물관에 대해 어떤 기억을 가지고 돌아갈 것인가?

아이들의 넘치는 호기심을 억누르기만 할 것이 아니라 창조적으로 발산하게 해줄 방법은 없을까? 박물관의 자료를 만져 볼 수는 없을까? 박물관이 아이들에게 어두컴컴하고 지겨운 장소가 아니라 평생 동안 휴일이면 가보고 싶은 학습의 장이 될 수는 없을까?

부모들은 비싼 돈을 들여서 아이들을 3~4명씩 그룹을 지어 주말마다 박물관으로 보낸다. 그 학생들은 황금 같은 토요일에 체험학습이라 생각하고 따라 나왔겠지만, 실상은 선생님을 졸졸 따라다니며 학습지 풀기에 여념이 없는 모습을 보면 늘 안타까운 마음이다. 물론, 선생님들이 박물관 곳곳을 다니며 설명해 주는 것은 교과서에 나와 있는

자신이 조사한 자료를 들고 있는 아이들

역사를 눈으로만 익히는 것보다는 훨씬 효과가 있을 것이었다.

　나는 그런 아이들을 보며 학생들에게 자기 주도 학습, 스스로 학습이 얼마나 중요한지를 실감하였으며, 학생들에게 살아 있는 박물관 교육을 해주고 싶었다.

　먼저 역사 학습을 어떻게 하고 싶은지, 어떤 활동을 하면 즐거운 배움이 이루어질지 등의 생각할 거리를 제시해, 학생들이 프로젝트 학습 운영 전 단계에서 주도적인 역할을 맡을 수 있는 기회를 제공해 주었다. 그렇게 준비되면 박물관 안에서는 학생들이 교사의 설명을 듣지 않아도 문제를 해결할 수 있다. 자신들이 배우고자 하는 것들을 직접 찾아 문제를 해결한다면, 더 이상 박물관은 지루하고 답답한 곳이 아니리라는 생각이 든다.

　박물관과 교육의 만남은 사실 핫한 이슈가 아니다. 박물관이 성립할 때부터 박물관과 교육은 상호불가분의 관계였다. 이를테면 18세

박물관 관람 전 단체사진

기 유럽에서 근대적 의미의 공공박물관은 자국민을 위한 교육기관으로 성립되었고, 방문과 감상 자체가 교육적 효과가 있는 것이었다.

그러나 21세기는 관람자에게 전시물을 어떻게 체계적이고 체험적으로 이해시킬 것인가에 대한 문제를 주요 관심사로 부각시키고 있다. 단순한 감상의 차원을 넘어서 적극적인 교육과 체험의 개념이 도입되고 있는 셈이다. 그리고 학교교육 또한 학습자가 주도하는 자기주도 학습과 창의성교육, 인성교육에 중점을 두면서 이에 대한 실천적 방법으로 현장학습을 강조하고 있다.

높은 학업성취도와 낮은 교육만족도의 반비례 관계

지난해 발표된 2009년 OECD의 학업성취도 국제 비교 평가(PISA) 결과 우리나라 학생들의 읽기 능력은 2위, 수학이 4위, 과학이 7위로 나타났다. 이에 따르면 우리나라 초중학생들의 학업성취도는 세계 수준을 유지한다고 볼 수 있다.

그러나 학생, 학부모, 교육당국, 기업 모두 이 지표가 만족스럽지는 않다. 단순히 교과서나 참고서의 지식을 암기하여 시험에 대비하는 현재의 교육 방법으로는, 문제해결 상황이나 창의성이 발현되어야 하는 상황에서 지식이 의미 있게 활용될 수 없기 때문이다.

21세기 창의성교육은 국가 생존의 문제다.

창의성교육은 21세기 지식기반 사회에서 구성원들이 자신의 생존과 공동체의 진로를 위해서 우선적으로 고려할 수밖에 없는 대안이다. 우리가 경험하고 있는 바와 같이, 지식의 생성과 소멸이 빠르게 진행되는 사회로 세계는 신속하게 움직이고 있다. 특별히 기술 응용 분야에서 지식의 수명이 불과 몇 주 또는 며칠 정도에 그치는 것도 충분히 예견된다. 기술 개발에서 첨단을 다투는 일이 간발의 차이로도 뒤바뀌는 세상이다. 불꽃 튀는 아이디어·기술의 경쟁 속에 새로운 아이디어 창출과 기술 혁신이 가속적으로 벌어지고 있다.

창의성교육을 위하여

지식이 문제해결 상황에 활용되어 창의성을 발휘하려면, 활동이나 직접적 경험을 통해 학습되어 학습자의 지식 구조와 통합되고 지식의 의미를 느낄 수 있도록 학습되어야 한다.

아울러 토론을 통하여 개념이나 지식이 가지고 있는 의미를 느낄 수 있는 기회를 제공하는 것도 중요하다. 이러한 측면에서 교과교육은 많은 지식을 암기하는 것보다는 한 개의 지식이나 개념이라도 활동이나 참여를 통하여 심도 있게 이해할 수 있도록 하는 것이 필요하다.

그렇다면 학생들의 창의성을 키우기 위해 어떤 교육을 실시해야 하는가?

창의성의 첫 번째 시크릿 : 경험

창의력은 연상에 연상을 이어나가는 힘이다. 실제 경험을 통해 연상을 이어나가는 것과 텍스트로만 습득된 지식을 통해 연상을 이어나가는 것의 차이는 크다. 자동차 내비게이션은 입력되어 있는 최적의 코스를 안내하지만, 경험 많은 운전자의 경로 선택을 뛰어넘지는 못하는 것처럼, 실제로 경험한 사람의 '경험'을 기반으로 하는 판단은 그어느 누구도 뛰어넘지 못한다.

예를 들어, 중세 유럽의 귀족들이 선호한 자녀교육은 마차 여행이었다. 저명한 철학자를 고용하여 자녀의 멘토로 삼고, 멘토와 함께 2~3년간 그리스로 여행을 보내는 것이다. 여행을 통해 유럽 문화의 근간이 된 그리스의 문화유산과 철학을 체험하도록 한 것이다. 이러한 마차 여행을 통해 양성된 지식인들은 르네상스와 종교개혁이라는 인류 역사상 가장 큰 창의성을 발휘하였다.

애플의 CEO였던 스티브 잡스는 "내 상상력의 원천은 학교에서 배운 IT 기술과 인문학의 결합"이라고 말한 바 있다. 그리고 수학, 과학, 음악 등 각 교육계 전문가들은 "통섭이야말로 급변하는 사회 패러다임 속에서 창의성과 혁신성을 계발할 수 있는 방안"이라고 입을 모은다.

하지만 현행 교육에서 수학 과목을 오로지 '수식 안에서', 국어는 '단어 안에서', 음악은 '음표 안에서' 생각하도록 교육받은 학생들에게, 어떻게 학문의 경계를 깨고 창의성교육 효과를 늘릴 것인가?

그런 면에서 뮤지엄의 경험은 통섭의 장이라고 할 수 있다.

뮤지엄 교육: Museum Education

뮤지엄은 실제로 존재하는 문화재와 작품들을 다양한 교육 프로그램을 통해 학습자가 스스로 체험하면서 학습하는 공간이다.

현재 우리나라에서는 감상형 전시의 특징인 전통적 박물관에서 나아가 체험식 전시를 하는 어린이 박물관이 생겨나고 있으며, 기존의 보는(see) 전시를 뛰어넘어 체험(Hand On)을 통해 스스로 창의적인 사고가 키워지도록 하는 전시가 이루어지고 있다.

① 실물 기반 학습(Object-based Learning)
　　구체적 상황에 기반하여 오감을 통해 실물과 원자을 직접 체험함으로써 책과 언어로 진행되는 학교교육의 한계를 벗어날 수 있다.

② 통합교육(Integrated Education)

비정형적인 학습 공간에서 사회, 과학, 미술, 음악, 언어 등 다양한 주제의 통합교육을 통해 창의적인 사고를 확장할 수 있다.

③ 에듀테인먼트(Edutainment)

교육에 재미라는 요소를 결합시킴으로써 디지털 시대의 학습자에게 능동적인 참여와 흥미를 유도할 수 있다.

④ 자기 주도 학습(Self-directed Learning)

정보 전달자 중심의 일방적인 교수학습에서 벗어나 학습자가 교육적 경험을 각자 고유한 방법으로 해석하고 구성하는 자기 주도 학습이 가능하다.

'알아서 척척' 박물관이 살아났다!

1. 오늘 우리는 박물관 이야기꾼이 되어 박물관을 살립니다.
2. 가장 마지막 살림은 가족 누군가에게 박물관에서 경험한 것을 이야기해 주는 것입니다.
3. 지도 살림 – 미로 같은 박물관을 지도를 보며 모둠원들과 함께 찾아갑니다.
4. 모둠 이끄미를 정하고, 이끄미를 중심으로 함께 의논하며 수행하도록 해요.
5. 각 단계마다 선생님에게 확인을 받아 주세요.
6. 살림 순서는 상관이 없습니다.

단계	살림 내용
깨우기	손을 하나로 모으고 "박물관이 살아났다"를 외치며 출발
보호하기	후레쉬 없이 사진 찍기/ 눈으로 감상하기(마음으로 어루만져 주세요)
살리기	구석기실에서 주먹도끼를 찾아 주먹도끼라고 부르는 이유를 동생들에게 설명해 주세요.
살리기	신석기실에서 빗살무늬토기를 찾아 이름이 지어진 이유와, 지금의 그릇과 모양이 다른 이유를 찾아 서로 설명해 주세요.
살리기	신라실에서 금관을 찾아보세요. 어떤 재료가 쓰였는지 자세히 보고 이야기해 주세요.
찾아보기	고구려실에서 신발을 찾아보세요. 지금의 신발과 다른 점이 무엇인지 함께 찾아보고 왜 그렇게 만들었을지 상상해 보세요.
찾아보기	고려2실에서 금속활자를 찾아보세요(북한에도 1개가 있답니다). 이것은 어디에 쓰였을까요? 이 유물은 매우 중요하다고 하는데, 그 이유는 무엇일까요?
다르게 보기	3층 불교조각실의 반가사유상을 옆으로 볼 때, 서서 볼 때, 앉아서 위로 올려다볼 때 어떻게 다른지 서로 이야기 나눠 주세요.
상상하기	반가사유상의 모습을 잠시 흉내 내며 무슨 생각을 하고 있을지 각자 상상해서 이야기해 주세요. (전시실을 나와서 의자에서 각자 흉내 내어 봅시다.)
찾아보기	3층의 백자실, 분청사기실, 청자실의 그릇을 보고 각각 다른 점이 무엇인지 이야기해 보세요. 나는 어떤 그릇이 좋은가요?
찾아보기	2층 회화실 그림 중에서 아이를 찾아보세요.
관찰하기	2층 회화실에서 자기가 좋아하는 그림(동물, 꽃, 나무, 강, 산 등등)을 찾아 5분 스케치합니다.
상상하기	100년 뒤에 나의 어떤 물건이 박물관에 소장되어 있을까요? 서로 이야기해 주세요.
정리하기	각자 스케치를 들고 "박물관이 살아났다"를 외쳐 주세요. 확인 사진을 찍어 주세요.

아!!! 그리고 마지막으로 100년 뒤에 나의 어떤 물건이 박물관에 소장되어 있을까? 서로 이야기를 나누었거든요. 너무 너무 재미있어서 우리끼리 한참을 웃었는데 한번 들어 볼래요?

- 가온 : 안경(100년 후에는 홀로그램 안경이 등장할 것 같음)
- 수인 : 시계(생체 인식을 해주는 시계)
- 훤 : 똥(지금의 냄새 나는 똥이 아닌 음식의 변화로 변화할 것 같음)
- 은호 : 옷(건강 상태 체크, 컴퓨터, 보안시스템 장착)
- 재용 : 신발(바나나킥처럼 날 수 있을 것 같아요.)
- 건현 : 종이(100년 후에는 산을 그리면 산이 나오고, 세종대왕을 그리면 세종대왕이 나올 것 같아요.)

5장

프로젝트 수업
선 잇기

1. 창의성교육과 팀 프로젝트

    우리 교사는, 우리 교육은, 아이들의 창의성과 무한 상상력을 마음 껏 펼칠 수 있도록 도와주어야 한다. '알아서 척척' 프로젝트 수업은 이 러한 인성과 창의력이 함께 성장할 수 있는 교육 방향을 추구하였고, 그 안에서 아이다움이 마음껏 펼쳐질 수 있는 '놀이 중심' 수업에 중점 을 두기 위해 노력하였다.

    "창의성교육은 정답이 '무엇(WHAT)'인지 가르치는 게 아니라 '어떻게 (HOW)' 구하는지를 가르치는 것입니다. 기존에 알려진 정답만을 달달 외 우게 하는 주입식교육은 창의성과 가장 거리가 먼 방식이지요."

    베스트셀러 『생각의 탄생』의 저자이자 창의성 연구의 세계적 석학인 로버트 루트번스타인 미국 미시간주립대(MSU) 교수는 이메일 인터뷰에 서 "한국 학교는 'HOW'를 가르쳐 주지 않고 'WHAT'을 주입하는 데만 급 급해 학생들이 창의성을 키우기 힘들다."고 말했다. 시간이 걸리더라도 '무엇을 외우라.'고 주입하기보다 '어떻게 정답을 찾나'를 파악하게 해야 창의성교육이 이뤄진다는 것이다. 생리학 교수인 루트번스타인은 인간의 창의성, 사고력, 천재성에 대해 생리학·심리학적 접근을 한 끝에 "모든 인간은 각자 창의성을 갖고 태어나지만, 이를 계발하는 것은 교육 등 후천적 노력이 필요하다."고 주장했다.

창의적 인재에 대해 그는 이렇게 이야기한다. "스스로 문제를 파악하고 해결해 보려는 사람이다. 아인슈타인, 다빈치, 제인 구달(침팬지를 연구한 미국의 과학자) 등이 이에 속한다. 타고난 호기심 위에 지식과 탐구력을 갖춰 스스로 깨닫고 그 위에 새 지식을 또 쌓는 경지에 도달한다. 재미있는 점은 이들이 전공 분야뿐 아니라 취미 활동도 활발했다는 점이다. 노벨상 수상자들을 분석해 본 결과 대다수는 학문 외에도 미술, 문학, 역사 등을 폭넓게 탐독하고 악기 연주와 스포츠 등을 즐겼다. 또 자신의 분야 외에 다른 직업을 경험하기도 했다. 즉, 학교 밖에서의 취미와 경험 등이 창의성 발현에 중요한 역할을 한다고 본다."

출처: http://news.chosun.com/site/data/html_dir/2017/01/03/2017010300281.html

학생들은 다양한 취미를 통해 창의성이 계발된다. 자신의 취미 개발은 호기심-도전-실패-학습의 과정을 거친다. 다양한 취미생활을 통해 학생들은 공부의 족쇄에서 잠시 해방되어 자유롭게 창의성을 발현할 수 있는 것이다.

'알아서 척척' 프로젝트는 아이들에게 채워져 있는 족쇄를 잠시나마 풀어 주기 위해 주말과 방학을 이용하여 고안된 프로그램인 것이다.

인간은 문제에 직면했을 때 어떻게 풀어갈 것인가 스스로 고민하는 과정에서 창의성이 극대화한다. 창의적인 프로젝트 수업에서는 학습자의 책무성이 강조되고 있다. 학생들 스스로 계획하고 책임지는 프로젝트가 그들의 창의적인 인성을 깨우는 데 크게 작용한다는 이야기다.

창의성은 특별한 것이 아니고 일상생활 속에서 끌어낼 수 있는 것이다. 창의성은 만들어 내는 것이 아니라 찾아내는 것, 창조하는 것이 아니라 발견하는 것이다. 이러한 창의성을 발견하기 위해서는 무엇보다 지도하는 사람이 민감성을 가지고 지켜봐야 하고, 지속적으로 관리하고 발전시키며 함께하는 공동사고가 중요하다.

창의성은 스스로 문제를 해결하거나, 혼자만의 상상력에서 발현되기도 하지만, 더불어 함께함으로써 계발되기도 한다. 그러므로 프로젝트 수업에서는 팀 프로젝트를 중심으로 수업 과정을 꾸려나가기 위해 노력한다.

팀 프로젝트는 팀 단위로 이루어지는 학습으로, 정해진 기간 내에 실제와 유사한 과제를 중심으로 구성원 간 협력을 통해 최종 산출물을 생산하는 교수·학습 방법이다.

일반적으로 창의성이란 '새롭고 적절하고도 실용적인 아이디어를 산출해 내는 것'을 의미한다. 팀 프로젝트 학습 과정에서 학습자들이 집단 창의성을 발현할 수 있도록 이끌어야 하며, 교수자는 총체적인 관점에서 전략을 고민해야 한다.

(1) 팀프로젝트 학습의 단계

단계		활동 내용
팀프로젝트 학습의 준비	수업 준비	수업 준비, 분위기 조성, 프로젝트 수행 가드라인, 개발(목표, 전달, 평가), 프로젝트 수행 준비
	프로젝트 제시	프로젝트 아이디어 제안, 프로젝트의 범위 선정, 실천 계획 및 일정 안내, 학습자료 제시, 평가 체계 마련 등
	팀 구성	팀 구성, 팀 구성원의 역할 분담 및 리더 선정 등

(2) 팀프로젝트 학습의 실행

단계		활동 내용
팀프로젝트 학습의 실행	프로젝트 계획	탐구학습 활동 계획, 자원 목록 결정, 목표 설정, 구체적 일정 및 절차 계획 수립, 역할 분담
	정보탐색 및 자료 수집	개별과제 수행 정보 수집 및 기록 평가, 피드백 공유
	프로젝트 수행	집단별 프로젝트 과제 수행, 총체적 지식의 구성 및 창출, 피드백 공유를 통한 수정
	결과물 개발	협력적 보고서 작성, 결과물 개발 및 수정, 상호 피드백 제공
팀프로젝트 학습의 평가	발표 및 논의	결과 발표 및 토론, 피드백 공유 및 논의
	평가	개인 평가, 집단 평가, 동료 평가

"창의력은 머리가 아닌, 몸에서 나온다."

학생들의 창의력을 키워 주는 것은 무엇보다도 아이들을 주체로 한 활동형 프로그램이다. 이런 수업이 아이들의 새로운 생각을 끌어내고, 스스로 질문을 만들어 내게 한다.

'창의행동력'은 한 마디로 '행동을 다르게 하는 힘'을 말한다. 행동을 통해 스스로 동기를 부여하고, 자신의 눈으로 새로운 방법을 발견해 창의적 결과물을 완성하는 잠재력을 가리킨다.

이러한 점을 볼 때, '알아서 척척' 프로젝트 수업은 놀이 중심의 활동형 수업이란 점에서 학생들의 창의성을 신장시키는 역할을 하였다고 할 수 있다. 모든 판단은 학생들 스스로가 했으며, 교사는 철저히 조력자로서 코칭하는 역할만을 하였다. 스스로 어떠한 문제를 판단하고 결정하고 책임을 지는 데 있어서 학생들의 다움이 펼쳐지며 창의성이 계발되었다고 할 수 있다.

흔히 창의성을 저해하는 요인이 '틀에 박힌 사고'에 있다고 말하지만, 틀에 박힌 사고가 아니라 '틀에 박힌 행동'이 아이들의 창의성 확장을 방해하는 것이다. 알파고 등 인공지능이 '딥 러닝'을 통해 자기 주도 학습 영역을 넓혀 나가고 인지 능력을 발전시키는 상황에서, '창의성'이라는 인간 고유의 능력을 키우는 방법은 '생각이 아닌 행동'이라는 점을 인지하고 있어야 한다.

미래 인재가 갖춰야 할 핵심 역량은 '창의와 비판적 시각에 기초한 소통과 협업'이라는 데 우리는 모두 동의한다. 이러한 점들을 볼 때 우리는 프로젝트 수업을 학생들에게 제시하여 주어야 하며, 서로 의사소통하며, 문제를 스스로 해결할 수 있는 팀 프로젝트를 통해 학생들이 지식적인 면만 방대해지는 교육이 아닌 조화롭게 성장하는 인격제

놀이는 우리의 뇌가 가장 좋아하는 배움의 방식이다.
Play is our brain's favorite way of learning.

– 다이엔 애커먼

가 될 수 있도록 교육 기회의 장을 확장시켜야 한다.

"빨리 가려거든 혼자 가고, 멀리 가려거든 함께 가라."

우리는 프로젝트를 통해 함께 배우고 가르치며 함께 성장하고 있다. 학생 스스로 참여함으로써 '배움이 즐거운 수업'을 향해 우리의 프로젝트는 현재진행형이다.

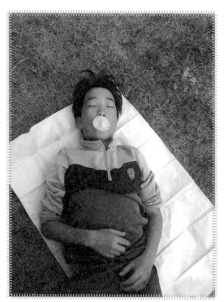

아이의 창의성이 발현되는 시간

2. 의사소통 능력과 프로젝트 학습

어떤 사람은 의사소통에서 가장 중요한 것은 '경청'이라고 얘기하기도 하고, 어떤 사람은 외국어로 일상대화를 조금 할 줄 알면 의사소통을 잘하는 줄 알기도 한다.

의사소통 능력은 두 사람 또는 그 이상의 사람들 사이에서 의사의 전달과 상호 교류가 이루어진다는 뜻으로, 어떤 개인 또는 집단이 개인 또는 집단에 대해서 정보, 감정, 사상, 의견 등을 전달하고 그것들을 받아들이는 과정이라고 할 수 있다.

즉, 우리말로 된 문서를 제대로 읽거나 상대방의 말을 듣고 의미를 파악하며, 자신의 의사를 정확하게 표현하는 능력을 의미한다.

* 의사소통 능력이 왜 중요한가?

대인관계의 기본이 되며, 제각기 다른 사람들에게 서로에 대한 지각의 차이를 좁혀 주며, 선입견을 줄이거나 제거해 줄 수 있는 수단이기 때문에 중요하다.

말 잘하는 사람이 반드시 의사소통 능력이 높다고는 할 수 없다. 소통은 상대방과의 대화를 도모하는 것이지만, 상대를 이해하는 생각이 없다면 성립되지 않는다.

또한 다른 사람들과 소통이 되지 않는 사람들은 중요한 정보와 조언을 듣는 기회를 얻기 힘들다. 그러므로 나의 말을 먼저 많이 하기보다는 경청하려는 자세를 유지하고, 차후에 천천히 자신의 생각을 나누어도 늦지 않다.

* 이러한 의사소통을 저해하는 요인들에는 무엇이 있을까?

선입견과 고정관념, 의사소통 기법의 미숙, 표현 능력의 부족, 이해 능력의 부족 등이 있다.

소통의 문제는 단지 만남의 횟수가 적다고 해서 생기는 것도 아니며, 일상적 대화를 많이 한다고 해서 의사소통을 잘 하는 것도 아니다.

토론을 통해 의사소통 능력 키우기

대부분 의사소통의 문제는 서로가 향하고 있는 방향이 달라서 생기는 것이다. 점점 더 복잡해지고 점점 더 글로벌화 되고 점점 더 중요해지는 프로젝트 환경에서 의사소통은 거의 모든 걸 결정짓는다.

학생들은 프로젝트 수업을 통해 반강제적인 의사소통을 하게 된다. 프로젝트 수업은 거의 팀 프로젝트이기 때문에 팀원 간의 의사소통이 없이는 수업을 진행할 수 없기 때문이다.

프로젝트 수업은 협업이 기본이 되어 서로 질문하고 경청하며, 유연한 사고력을 갖고, 다양한 문제를 해결할 수 있는 솔루션이 있다는 사실을 깨달아 의사소통 능력을 키워 나가야 한다.

나 자신과 상대방의 입장, 나 한 명과 다수의 의견을 듣고 이야기를 나누는 토론을 통해 프로젝트 수업이 이루어지며, 이러한 토론의 의사소통 역량은 우리 팀원의 성공적인 프로젝트 완수를 위해 꼭 필요한 요소가 아닐 수 없다.

3. 협업 능력과 프로젝트 수업

위에서도 계속 강조했듯이 우리는 창의성, 의사소통 능력, 그리고 학생들의 협업 능력을 높이기 위한 수단으로 팀 프로젝트를 활용하고 있다고 설명하였다.

그렇다면 '협업 능력'은 어떤 능력을 말하는 것일까? 아이디어를 공유하는 일과 더불어 대화, 소통으로 팀원들 개개인이 갖고 있는 능력을 극대화시킬 수 있도록 이끌어 주는 것 또한 협업에서 필요한 능력이다.

학생들이 모두 조화롭게 프로젝트를 진행하여, 의사소통 능력도 뛰어나고 협업 능력도 뛰어나 프로젝트 수업이 성공하면 다행이지만, 100% 성공할 리는 만무하다.

실패를 하면서 학생들은 실패를 대하는 태도와 관점에 맞닥뜨렸을 때 더 큰 배움을 얻게 된다. 학생들은 실패의 경험을 많이 해 보지 않았기 때문에 팀원 전체가 좌절하는 경우가 많지만, 우리는 학생들이 실패를 통해서도 배울 수 있도록, 그리고 그 배움을 통해 문제를 깨달을 수 있도록 기회를 마련해 주어야 한다. 학생들은 실패를 통해 배우고 성장할 수 있다는 것을 깨닫는 순간 실패에 대한 두려움이 없어지고 새로운 시도를 할 수 있게 된다. 이러한 분위기가 팀의 협력과 소통을 위한 밑거름이 되는 것이다.

프로젝트가 꼭 성공해야 한다는 압박감 속에서 팀 프로젝트가 진행되면 자유롭게 아이디어를 공유하며 소통하기가 어려워질 수밖에 없다. 소통이 단절되면 자연스럽게 협력도 어려워진다. 어떠한 경우라도, 심지어 프로젝트가 실패하더라도 그 안에서 배우고 성장할 수 있다는 확신을 준다면, 그것이 더 생산적인 팀 프로젝트를 경험하게 하는 데 유리하다.

우리는 협력과 소통을 통해 문제를 지혜롭게 해결하고, 프로젝트를 완수하는 데 활용할 수 있는 능력을 키워야 한다. 팀 프로젝트에서 배움은 협력과 소통이 얼마나 잘 이루어지느냐에 따라 달라진다. 그래서 커뮤니케이션과 팀워크에 대한 기본적인 마인드셋부터 변화가 일어나도록 하는 것이 중요하다.

학생들에게 왜 협업과 소통이 중요한지, 그것이 얼마나 큰 가치가 있는 것인지, 그런 능력을 갖춘 사람이 얼마나 큰 일을 할 수 있는지에 대해서 지속적으로 이야기해 주어야 한다.

"있는(Exist) 사람이 아니라 존재하는(Presence) 사람이 되라고 한다. 있는 사람과 존재하는 사람은 완전히 다르다. 그냥 있는 사람은 주변에 아무런 영향을 주지 못한다. 반면 존재하는 사람은 주변에 영향을 주면서 상호작용을 한다. 매 순간 팀에서 함께 고민하고 있는 친구들 사이에 서로 의미 있는 존재가 되기 위해 노력해야 한다. 매 순간 그렇게 존재해야 한다. 그것이 바로 여기 지금 우리가 함께 모여 있는 이유다."

– 올린 공과대학교 리처드 밀러 총장

"4차 산업혁명 시대 인재에게 필요한 것은, 협업 능력"

협업 능력은 인공지능이나 로봇이 쉽게 대체할 수 없는 능력이다. 이런 능력을 가지고 있으면 4차 산업혁명 시대에 필요한 인재가 되기 쉽다.

많은 전문가가 4차 산업혁명 시대의 인재에게 필요한 역량으로 '협업'을 강조한다. 옥스퍼드 이코노믹스는 4차 산업혁명 시대 인재에게 필요한 능력 4가지를 발표했는데, 그중 하나가 '대인관계 및 의사소통 능력, 협업 능력'이었다.

사람들과 함께 새로운 것을 창조해 내는 능력, 브레인스토밍 능력, 인간관계 구축 능력, 팀 운영 능력, 협업 능력, 구술 능력 등이 옥스퍼드 이코노믹스가 칭하는 '대인관계 및 의사소통 능력'입니다. 기업 운영의 방식이 명령–지시에서 상호협력으로 점차 바뀌고 있기 때문에 대인관계 및 의사소통 능력은 앞으로 더욱 중요해질 것이라고 보입니다.

이 능력은 특히 인공지능이나 로봇이 쉽게 대체할 수 없는 것이기 때문에 갖추기만 한다면 고용시장에서 경쟁력이 꾸준히 증가할 것입니다.

다행히 협업의 중요성은 4차 산업혁명이라는 말이 새로운 트렌드로 자리잡기 전부터 계속 강조되어 왔다. 이런 분위기를 따라, 학교에서는 10여 년 전부터 팀 프로젝트 수업, 모둠 수업 등과 같은 협력교육을 강화하여 학생들에게 팀워크와 협력을 가르쳐 왔다.

다양한 이론에서 엿볼 수 있듯이 우리 교육은 나름의 21세기 미래 역량을 채워 나가기 위해 다양한 교수법을 개발하고 지향하여 왔다. 어떤 교육이든 정답은 없다고 생각한다. 다만, 내 아이에게 맞는 교육, 내 아이가 행복할 수 있는 교육, 내 아이가 웃을 수 있는 교육을 위해 우리 부모와 교사는 꾸준히 노력하고, 활용할 수 있도록 해야 하는 것이다.

6장

프로젝트 수업
다가가기

〈각 지역 교육청 프로젝트 지원 사업〉

예전에는 프로젝트 수업을 개별적으로 진행해야 했다. 예산도 부족했고, 활동 공간도 부족했다.

하지만 이제는 일반 공립학교에서 혁신학교의 붐이 일어났고, 마을공동체 사업이 활성화 되었다. 그러면서 각 지역의 교육청별로 프로젝트 수업을 지원해 주는 사업들이 일어나기 시작했다. 나는 프로젝트 수업을 시작해 보고 싶은 학부모, 기관, 교사들은 이 사업들에 한 번 도전해 보길 권장한다. 현재 나도 전남교육청에서 시행하고 있는 '청소년 미래 도전 프로젝트'를 진행하고 있다.

다음은 각 교육청별로 시행하고 있는 프로젝트 사업들이니 참고하길 바란다.

1. 경기도교육청 학생 '주·도·성' 프로젝트

2017년부터 '학생이 주인 되고 도전하며 성장하는 학생 중심 교육' (주·도·성 프로젝트)을 운영해 왔다. 학교에서 학생들 스스로 기획하고 운영하며 평가할 수 있는 실행 경험의 소중한 기회를 지원하기 위해 올해부터 도교육청은 모든 학교에 200만 원을 지원한다.

학교는 ▲학생이 주도하는 동아리 ▲독서 프로젝트 활동 ▲인문융합 프로젝트 활동 ▲학생자치회 ▲마을 프로젝트 등 학생이 주도하는 모든 활동에 예산 사용이 가능하다.

경기도교육청 조동주 문예교육과장은 "미래교육의 중심은 지식이 아니라 소통과 융합의 창의적 능력"이라면서 "총괄적 역량이 함양될 수 있는 프로젝트 중심의 경험과 체험들을 통해 미래 역량을 키울 수 있도록 적극 지원할 것"이라고 말했다.

출처 : 에듀인뉴스(EduinNews)(http://www.eduinnews.co.kr)

2. 경기도교육청 꿈의 학교

1) 경기도 꿈의 학교

경기 꿈의 학교는 미래교육입니다.

경기 꿈의 학교란 경기도 내 학교 안팎의 학생들이 자유로운 상상력을 바탕으로 무한히 꿈꾸고 질문하고 스스로 기획·도전하면서 삶의 역량을 기르고 꿈을 실현해 나가도록 학교와 마을교육공동체 주체들이 지원하고 촉진하는 학교 밖 교육활동입니다.

2) 경기도 꿈의 학교의 유형

- 학생이 만들어 가는 꿈의 학교

    학생들이 스스로 꿈의 학교를 만들어 운영하는 학교 밖 교육활동입니다.

- 학생이 찾아가는 꿈의 학교

    경기도 내 다양한 마을교육공동체 주체들이 학생의 꿈 실현을 위해 운영하는 학교 밖 교육활동입니다.

- 마중물 꿈의 학교

  경기도 내 다양한 마을교육공동체 주체들이 학생의 꿈 실현을
  위해 운영하는 동아리활동입니다.

3) 비전

- "스스로 꿈꾸고 도전하는 학생"
- 경기 꿈의 학교는 스스로 꿈꾸고 도전하는 학생을 육성합니다.
- 학생들이 자유롭게 상상하고 거침없이 꿈꾸도록 촉진합니다.
- 그리고 그 꿈을 지금 여기에서 당차게 도전하도록 지원합니다.

4) 핵심 가치

경기 꿈의 학교의 핵심 가치는 먼저 '스스로' 자기 삶을 살아가는 독립적인 인간이 되는 동시에 '더불어' 살아가는 민주적인 시민이 되는 것입니다.

5) 운영 원리

- 학생 스스로 기획하고 도전한다.
- 무학년제로 운영한다.
- 온 마을이 함께 운영한다.
- 문턱이 없는 마을학교를 만든다.
- 더불어 배우고 나누며 민주주의를 실천한다.

3. 세종시 마을학교에서 배우는
'동네방네' 프로젝트

　세종특별자치시교육청의 동네방네 프로젝트는 세종시 복합커뮤니티센터와 지역배움터에서 △학생 주도 프로젝트 △청소년 협동조합 프로젝트 △세종시 공동체 미디어교실 협력 프로젝트 등 학생들이 자신의 관심 분야에 따라 스스로 팀을 구성하여 프로젝트를 기획하고 직접 운영하도록 하였다.

　특히 팀별로 1~2명의 길잡이교사를 배정하여 학생들의 주체성과 자발성이 발휘될 수 있는 촉진자와 울타리 역할을 수행하게 할 예정이다.

　세종시교육청은 청소년이 마을을 기반으로 스스로 만드는 교육과정으로 학생 중심 교육 혁신의 본질을 회복하고 교실의 배움이 마을로, 마을의 배움이 교실로 넘나들어, 마을이 하나의 거대한 학교가 되어 모두가 가르치고 배우며 더불어 성장하는 동네방네 프로젝트를 통해 공교육의 창조적 변화를 달성할 수 있을 것으로 기대하고 있다.

4. 경상남도교육청 행복마을학교 청소년 '사공(四公)' 프로젝트
- '마을, 학교, 환경, 또래' 네 가지 주제 중심 공공 프로젝트

사공 프로젝트는 '마을', '학교', '환경', '또래' 네 가지 주제를 중심으로 청소년들에게 '네가 하고 싶은 건 뭐니? 어떤 것을 할 때 제일 행복하니?'라는 질문을 통해 자기가 좋아하는 것으로 세상을 이롭게 하는 공공 프로젝트 활동이다.

행복마을학교의 사공 프로젝트는 좋아하는 것을 찾는 것에서 시작한다. 좋아하는 것이 그냥 놀기이든 곤충이나 파충류이든 자전거 타기이든, 그것으로 세상을 만나기 위해 바로 옆 '지혜의 바다' 도서관에 가서 책도 찾아 읽고 세상에 나가 그 분야의 전문가도 인터뷰하면서 배우고 성장한다.

지금 당장 흥미와 관심 분야가 뚜렷하지 않은 아이도 현직 초·중·고 교사들과 각 분야의 전문가들로 구성된 길잡이교사 20명과 함께하기에 '안전하게' '마음껏' 시행착오를 하면서 배울 수 있다.

게다가 가족뿐 아니라 그동안 만났던 멘토들 그리고 직접 섭외한 지역의 유명인사들을 초청하는 성장·나눔 발표는 아이들이 성장하도록 하는 기회가 될 것이다.

학생들의 프로젝트 수업에는 소계시장을 친환경 전통시장으로 만들기 위해 환경신문을 제작하겠다는 팀, 프랜차이즈 빵집을 이기는 골목 빵집 살리기 프로젝트 팀, 지혜의 바다 방문객들을 위한 맛집 지도 그리기 팀, 행복마을학교에 있는 각종 미디어 장비를 활용해 단편영화를 찍겠다는 팀, 3D프린터를 활용해 생활코딩을 해보겠다는 팀 등 다양하다.

사공 프로젝트 참석 학생들의 참여 동기도 다양하다. 학교 밖에서 할 수 있는 여러 경험을 해보고 싶어서 신청했다는 학생, 공부법을 몰라 힘들어하는 또래들을 위한 자료를 만들어 나누고 싶다는 학생들, 벼룩시장을 기획해서 돈을 많이 벌어서 아프리카 아이들을 위한 도서관을 지어 주고 싶다는 초등학생까지 다양하다.

5. 전라남도교육청
'청소년 미래 도전' 프로젝트

전라남도교육청에서는 프로젝트 사업으로 '청소년 미래 도전' 프로젝트를 추진 중이다. 전라남도교육청(교육감 장석웅)은 2019년 청소년 미래 도전 프로젝트 운영 계획을 발표했다.

"청소년 미래 도전 사업은 기존 도교육청이 주관하는 체험학습이 소수의 학생에게만 집중된다는 사회적 의견을 반영, 여러 학생이 참여하는 사업으로 3명에서 10명이 1팀을 구성하여 운영된다. 특히 학생들의 주도하에 운영되는 이번 사업은 학생의 안전을 위해 팀당 1명의 교사가 투입된다. 또 수업시간이 아닌 방과 후, 주말, 재량휴업일, 방학 등을 활용해 진행되며, 총 사업비는 32억여 원이 소요될 예정이다."

이번 사업에는 초·중·고등학생 등 총 500개 팀을 선발하며, 팀당 500만 원에서 최고 2,000만 원까지 지원된다.

김성애 학생생활안전과장은 "이번 사업은 학생 스스로 꿈을 실현하기 위한 도전활동"이라며, "팀 프로젝트 협업을 통해 민주시민의식 및 공동체 역량이 강화될 것"이라고 밝혔다.

이와 같이 각 지역 교육청에서는 다양한 프로젝트 사업을 활성화하기 위해 아낌없는 지원을 하고 있다.

학생, 학부모, 교사, 마을공동체, 기관 등 다양한 사람들이 학생들에게 다양하고 창의적인 교육을 지원할 수 있는 것이다.

· · ·

나는 현재 전라남도교육청에서 지원하고 있는 '청소년 미래 도전' 프로젝트 사업에 참여하고 있다.

학생 1인당 70만 원을 지원받았으며, 학생들은 학교 안에서 일어나는 수업 이외에 학교 밖에서 본인들이 원하는 프로젝트를 기획하여 진행 중이다.

다음의 내용은 현재 나와 함께 '청소년 미래 도전' 프로젝트를 진행하고 있는 아이들이 쓴 기획서이다.

———————— 청소년 미래 도전 프로젝트 ————————
'우주 최강 7남매' 보성 오봉산 계획

1. 보성 오봉산 조사

1) 위치_찬범 : 전남 보성군 득량면 비봉리 산 68번지

2) 거리(학교에서 오봉산까지)_아윤 : 약 1시간 20분 거리 71.37km

3) 산의 높이_가은 : 392m

4) 등산 경로(어떤 방향으로 갈지)_예솔, 다온 :

5) 식단 정하기(점심만)_수진 : 오야코동

6) 차량 이용 방법 (렌트 or 선생님차)_지훈 : 선생님 자동차

2. 보성 오봉산 식단 정하기

1. 식단 정하기 : 양푼이 비빔밥

2. 준비 역할 정하기

 1) 사야 할 물품 : 스팸 3개(김찬범이 구워서 잘라 오기). 김가루 3개, 삼겹살

   5만 원어치 (학부모회 지원), 상추(양지훈 어머님 지원), 밥(개인 밥 준비)

 2) 개인적으로 준비해야 할 물품

 ① 김아윤 : 나물

 ② 안가은 : 김치

 ③ 양지훈 : 계란프라이 10개

 ④ 황다온 : 고추장 10스푼

 ⑤ 김수진 : 참기름

 ⑥ 김예솔 : 양푼이

 3) 간식 : 초콜릿, 사과, 물(개인 물 2개씩)

 – 물품 구입 날짜 : 6월 24일 (화) 하교 후

 – 물품 구입 장소 : 시온마트

 – 활동 : 영수증 챙기기, 간식을 먹으며 청미프 회의하기

※기타 회의 – 캠핑에 필요한 준비물

〈각자 가지고 있는 캠핑 도구〉

 ① 지훈 : 텐트(약 4인용), 버너

 ② 찬범 : 후레쉬 2개, 랜턴, 버너 1개

 ③ 예솔 : 의자(약 4개)

④ 수진 : 버너, 돗자리, 코펠1, 그늘막

⑤ 다온 : 돗자리, 버너

⑥ 가은 : 버너, 돗자리

⑦ 아윤 : 돗자리

3. 우주 최강 7남매 스스로 · 더불어 자람

〈역할 조사〉

– 사진 : 수진, 아윤

– 앨범 꾸미기 : 가은, 예솔, 다온,

– 식물 조사 : 지훈

– 블로그 : 찬범

– 마을 조사 : 찬범, 예솔, 다온

1. 김아윤(이끄미)

스스로 자람

① 전에는 체력이 좋지 않았는데 산을 타고 체력이 더 좋아질 것이다.

② 다음에 산을 타고 결과물을 더 잘 정리해서 쓸 수 있을 것이다.

③ 산을 올라가면서 끈기력이 늘어날 것이다.

더불어 자람

① 책임감이 늘어나서 학교에서도 자기가 맡은 일을 잘할 것이다.

② 처음엔 산도 잘 못 탔었는데, 이번 경험으로 예전보다 우리 모두 산을 잘
탈 수 있게 될 것이다.

③ 우리들 모두 처음엔 결과물과 기록을 잘 쓰지 못하고 익숙하지 않았는데, 산을 다녀오면서 결과물과 기록 등을 더 익숙하게 잘 쓸 수 있을 것이다.

2. 안가은

스스로 자람

① 산을 그닥 좋아하진 않지만 청미프를 통해 산을 더 좋아하는 아이가 되어야겠다.

② 친구들을 도우며 함께 위기를 극복해 나가야겠다.

③ 체력이 많이 없다고 스스로 생각하는데, 등산과 캠핑을 통해 체력을 늘려야겠다.

더불어 자람

① 친구들과 함께하며 협동심을 기를 수 있다.

② 위험한 것들을 함께 이겨나가며 서로 도움을 주어야겠다.

③ 서로의 장점을 칭찬하고 그 장점에 맞는 일을 주며 자존심을 키운다.

3. 양지훈

스스로 자람

① 캠프나 어디서 가족끼리 1박할 때 늘 아빠가 준비 정리를 해서 나는 못하였지만, 이번 기획에서 준비 정리를 잘하겠다.

② 공감 : 서로 공감하면 기획대로 진행이 되고 싸움도 안 일어나고, 나는 최대한 공감하며 지내겠다.

③ 도움 : 서로 도와주면 시간이 단축되고 서로의 단점이 해결되니 친구들

을 많이 도와주겠다.

더불어 자람

① 서로의 행동을 예측한다. 그래야 뭐가 잘못되었는지 원인을 알 수 있어

   잘 해결된다.

② 조심성 : 조심성이 있어야 사고 예방을 할 수 있다.

③ 이해해 주기 : 실수를 했을 때 화를 내면 그 친구는 더 긴장해서 사고가

   생길 수 있다.

4. 김수진

스스로 자람

① 등산을 하며 끝까지 올라가며 끈기를 길러야겠다.

② 등산을 '끝까지 해보자'라는 마음으로 도전할 것이다.

③ 등산을 하며 내가 몸의 체력이 좋아질 것이다.

더불어 자람

① 옛날엔 내가 먼저였는데 이번 기회를 통해 배려심을 키울 수 있다.

② 친구들과 같이 협동을 하며 협동심을 기를 수 있다.

③ 친구들이 위험에 닥쳤을 때 같이 도우며 도움을 키울 수 있다.

5. 김예솔

스스로 자람

① 끈기 : 힘들지만 노력하는 모습을 보여주겠다.

② 행복 : 힘들다고 짜증내지 않고 웃는 모습을 보여주겠다.

③ 노력 : 포기하지 않고 집중하는 모습을 보여주겠다.

더불어 자람

① 리더십 : 산을 잘 타지 못하는 애들의 뒤를 받쳐 주겠다.

② 배려 : 흐트러지지 않고 상대방을 많이 도와준다.

③ 우정 : 산을 갔다 오면서 힘들 때 배려하며 도와준다.

이번에 나와 함께 프로젝트 수업을 하는 아이들은 바다가 보이는 작은 시골 학교에서 생활하는 정말 순진무구한 아이들이다.

나는 아이들과 캠핑과 등산 수업을 기획하였다. 앞에서 수차례 말했듯이, 나는 프로젝트 수업에서 놀이를 통해 아이다움을 펼쳐내며 아이들 간에 의사 소통이 이루어지는 수업, 적당히 어려움을 극복하게 하는 상황을 제공하여 끈기와 협업 능력을 키우게 하고 싶기 때문에 주로 야외 활동 위주로 수업을 기획한다. 또 프로젝트 수업에서는 누구나 교사가 될 수 있다고 이야기하였다. 7명의 아이들을 데리고 혼자 수업을 진행하기란 쉽지 않다. 왜냐하면 안전성에 문제가 있기 때문이다.

청미프

예전에 무모할 때는 폭우가 쏟아지는데도 1~6학년 학생들을 데리고 한라산을 등반한 적도 있다. 하지만 이제는 모든 교육에 '안전'을 최우선으로 해야겠다는 마음이 들었다. 어찌 되었든 혼자 진행하기 어려운 등산 수업에 나는 등산하시는

분들에게 도움을 요청하였다.

　우리 아이들은 다행히 안전하게 등산을 무사히 마칠 수 있었다.

　그리고 아이들은 성장하였고, 감사함을 배웠으며, 함께하는 즐거움과 배려

와 끈기를 가슴깊이 새겼다.

프로젝트 수업을 다녀와서

1. 김수진

먼저 제가 처음에 산에 갔을 때 뒤처져 있었는데 한 남자 선생님께서 제가 정상까지 갈 수 있게 도와주셨습니다. 너무 감사하고, 저를 끝까지 도와주셔서 정말 감사했습니다. 그래서 그런지 헤어질 때도 그 선생님에게 정말 정이 많이 남았습니다. 그리고 드디어 제가 올라왔을 때 친구들이 "수진아! 힘내~! 수진이 왔다!"라고 해서, 모자를 써서 못 봤겠지만, 정말 감격의 눈물이 좀 나왔습니다. 끈기를 기른다고 했는데, 그렇게 끝까지 포기하지 않고 올라오는 데 성공한 제가 정말 자랑스러웠습니다. 이 점은 다 저를 도와주신 선생님 덕분이라고 생각합니다.

그리고 폭포에서 밥을 먹었습니다. 선생님들이 삼겹살과 라면을 끓여 주시고, 구워 주셨습니다. 너무 맛있었습니다. 그리고 끝나고 폭포가 있는 쪽에서 물놀이도 했습니다. 처음에는 안 했지만 나중에 너무 재미있어 보여서 했습니다. 정말 재미있었습니다. 선생님들이 재미있는 이야기를 많이 해주셨습니다.

그리고 헤어질 때 악수도 하고 인사했습니다. 차에 타고 나서 갑자기 눈물이 나오려고 하더군요. 억지로 참았는데, 정말 선생님들께 정이 많이 쌓인 것 같습니다. 다음에 만나면 더 친해지고, 더 편하게 대해야겠습니다. 이뿐만 아니라 모든 선생님이 좋았습니다. 지금 이걸 쓰는 순간에도 감동적이네요.

2. 김아윤

처음에는 좀 어색했는데 선생님들이 먼저 말을 걸어 주셔서 너무 감사했고, 저희가 산을 올라가면서 갈림길이 있을 때 길을 알려 주셔서 정말로 감사드렸어요. 그리고 사진도 이쁘게 찍어 주시고 목마를 때 과일도 주셔서 감사했고, 가는 길에 말을 먼저 걸어 주셔서 감사합니다. 그리고 위험한 길에서도 저희를 잘 이끌어 주시고 가는 길을 알려 주셔서 감사합니다. 오늘 너무 재미있었고, 나중에도 또 선생님들과 가고 싶어요.

3. 황다온

– **느낀 점** : 처음에 수진이처럼 친구들 뒤에 뒤처져 있을 때 석주쌤이 도와주셔가지고 친구들과 정상까지 갈 수 있어서 되게 좋았고 뿌듯했다.
– **고마운 점** : 아윤이 언니랑 예솔이가 내리막길이나 오르막길에서 도와줘서 고마웠고, 가은이도 오르막길에서 내 가방을 들어 줘서 고마웠다.
– **재미있었던 일** : 계곡에서 폭포 맞은 것. 계곡에서 놀았던 것 그리고 에어컨 같은 곳에서 앉아 있었던 것.
– **감사한 점** : 김석주 선생님이 애들 따라잡게 해주셔서 감사했고, 고기 구워 주시는 분, 라면 끓여 주신 분도 감사했다.

4. 안가은

처음에는 되게 힘들었는데, 처음에 제일 힘들었던 이유가 애들이 몇 명 포기하니까 내 몸이 자기도 포기하고 싶었나 보다.

그래서 잠깐씩 멈추었다 가고 그래서 힘들었지만, 선생님들이 도와주시고 이끌어 주셔서 너무 감사했다. 그리고 막 힘들고 몸이 아프다 그러면 "괜찮아, 괜찮아, 다 왔어." 이러시면서 다독여 주신 게 너무 감사했다. 또 우리한테 친구처럼 잘 대해 주셔서 조금 더 친근한 느낌이 들었다. 그래서 다음에도 이분들과 함께 가고 싶고, 오늘 너무 재미있었다.

5. 김예솔

처음에 산에 올라갈 때 좀 힘들었는데, 애들이 하나둘씩 포기를 해서 '나라도 열심히 하자'라고 생각하고 열심히 올라갔다. 도와주신 선생님들께 너무 감사했고, 또 포기한 애들이 다시 올라와서 너무 기뻤다. 다시 우주 최강 7남매가 모이며 열심히 산을 올라갔다. 칼바위는 정말 아름다웠다. 끝이 뾰족해서 이름을 뾰족바위라고 부르고 싶었다. 열심히 올라갔다 내려갔다를 하다가 폭포를 만났다. 폭포소리가 정말 아름다웠다. 나는 당장 신발 벗고, 양말 벗고 계곡으로 뛰어 들어갔다. 물은 생각보다 차갑진 않았다. 엄청 차가울 줄 알았는데….

우리는 폭포에서 인생 샷을 찍고 재미있게 놀았다. 물놀이를 하고 물고기도 잡고 물수제비놀이도 했다. 나는 큰 돌도 2번이나 성공했다. 잠시 휴식시간엔 삼겹살, 파전, 라면을 먹었다. 물놀이를 하고 먹으니 맛이 더 끝내주었다.

휴식시간이 끝났으니 다시 폭포로! 물이 어째 더 차가워졌다.

하지만 애들이랑 또 같이 폭포로! 우리는 물놀이를 좀 더 격하게 했다. 이제 집으로 가는 시간! 우리는 우리를 도와주신 선생님들께 다시 한 번 감사인사를 드리고 집으로 갔다. 가는 길에도 장난기가 발동해서 장난을 하면서 갔다. 나는 폭포에 갔던 게 인상 깊어서 폭포에 관한 이야기를 많이 썼다. 정말 최고의 프로젝트 수업이다. 다시 한 번 저희를 도와주신 선생님들께 감사드립니다.

6. 김찬범

오늘 청소년 미래 도전 프로젝트를 하게 되어서 첫 번째로 보성 오봉산을 가게 되었다. 올라가는데 4~5m 정도 올라가니까 힘들었는데 그래서 체력을 좀 길러야겠다는 생각이 들었다. 그렇게 올라가는데 그때까진 흙이 미끄럽진 않았지만 올라가면서 점점 미끄러워지는 것 같았다. 그렇게 힘들게 올라가면서 '기 받는 곳'이라는 곳에 도착했는데 거기에서 차가운 공기가 나와서 정말 신기하면서 시원했다. 그렇게 칼바위에 도착했다. 막 도착했을 때 정말 힘들었다. 그때 수진이가 올라왔는데 이산가족 상봉(?) 느낌이었다. 또 오르고 올라 정상에 도착했다. 정상에 오르니 기분이 좋았고 뿌듯했다. 거기에서 간식도 먹고 음료도 마셨다.

그렇게 이제 폭포를 가기 위해서 내려가기 시작했다. 이제 내리막길인데 이제부터 정말 미끄러워지기 시작했다. 그래서 넘어질 것 같긴 했지만 넘어지지는 않았다. 폭포에 도착하자 바로 신발을 벗고 계곡으로 들어갔는데 정말 차가웠다. 그래서 들어가긴 했지만 돌 위에서 계속 있었다. 그렇게 밥도 먹고 다시 놀다 보니 시간이 다 되었고, 이제 갈 시간이 되었다. 옷을 갈아입는데 돌탑(?) 뒤에서 옷을 갈아입을 때 뱀이 나올 것 같았다. 그렇게 가려고 하는데 우리

랑 같이 오신 선생님들이 먼저 가셔서 조금 마음이 급해졌다. 그러다가 어찌어찌 따라잡아서 금방 내려갔다. 이제 갈 시간이 되었는데 정말 좋았다.

도와주신 모든 선생님들께 어떻게 감사드려야 할지 모르겠다.

7. 양지훈

오봉산은 나의 첫 등산이기도 하기 때문에 설레임과 동시에 긴장도 되었다. 우리의 등산을 서포트해 주시는 선생님들께서는 중간 중간 몇 미터가 남았는지 알려 주시고 친절하셔서 긴장감이 풀렸다.

하지만 체력이 약한지 금방 지치기 시작했다. 땀을 뻘뻘 흘리며 물 마시는 것조차 고통스러웠다. 이것도 하나의 경험이고 추억인 것 같다. 도중에 뒤처지는 친구도 생겼지만, 끝까지 포기하지 않고 우리 7명은 정상까지 올라갔다. 낙오자 없이 우리 7명이 정상까지 올라갔다는 점이 뿌듯하고 기뻤다. 내려오면서 폭포에 들렀는데 물이 맑고 물고기도 많았다. 나는 자연에서 사는 느낌이 좋다. 모든 것이 처음이기에 무엇을 해야 할지 당황스러울 때도 있었지만 선생님들께서 세심하게 알려 주셔서 감사했다. 또한 노력과 의지만 있다면 고통스러운 일이 있더라도 견딜 수 있고, 해낼 수 있다는 것을 깨달았다.

이번 청소년 미래 도전 프로젝트로 지금까지 학교에서 배운 공부와는 다른 분야에 도전할 수 있어서 좋았다.

청소년 미래 도전 프로젝트
「강진 청자 오토캠핑장 기획서」

마량초등학교 우주 최강 7남매

1. **일시** 2020년 10월 16일(금)

2. **장소** 강진 청자 오토캠핑장

3. **안내도** 카라반 1번(여학생), 2번(남학생)

4. 준비물

1) 캠핑장에 있는 물품

① 식기도구 : 숟가락, 젓가락, 가위, 집게, 밥그릇, 컵, 국그릇, 큰 접시, 작
  은 접시, 도마, 쟁반, 체망, 프라이팬, 냄비, 반찬그릇, 국자, 뒤집개

② 전자기기 : 밥솥, 커피포트, 전자레인지, 인덕션, TV, 냉장고, 싱크대,
  콘센트

※ 김아윤, 김예솔, 김찬범, 황다온, 안가은 강진 오토캠핑장 답사 다녀온 후 확인. 그 외에
  요리 체험 관련 조사

2) 전체 공통 준비물

전체 공통 준비물	준비물 체크	개인 전체 준비물	준비물 체크
텐트		침낭	
돗자리		세면도구(수건, 칫솔, 치약, 비누)	
코펠		필기도구(청미프수첩)	
버너		옷(여벌옷, 속옷, 잠옷, 따뜻한 겉옷)	
아이스박스		배낭	
의약품(손소독제포함)		간식	
의자		마스크	
장작(나눔캠핑)		선크림	
		모자	
		휴대폰(충전기)	
		양말	
		랜턴	

5. 역할

이름	역할	가방에 챙길 전체 준비물
김아윤	이끔이, 챙김이	마시멜로
안가은	이끔이, 안전지킴이	김치, 초콜릿,
김예솔	알리미	기름(참기름, 카놀라유)
김수진	기록이, 챙김이	치즈
황다온	안전지킴이	딸기잼, 버너
김찬범	찰칵이	고기(목살), 버너
양지훈	찰칵이, 알림이	

6. 안전사항

1. 못을 박을 때 손 조심!

   – 망치질 할 때 손 다치지 않게 조심

2. 텐트 봉 가지고 장난치지 않아요.

3. 요리할 때 불조심(칼 사용할 때 조심)

4. 텐트 칠 때 다치지 않도록 주의

5. 놀다가 돌에 걸릴 수 있으니 달리지 않기

6. 칼을 사용할 때 손이 베이지 않게 조심!

7. 불을 사용할 때 데이거나 화상을 입지 않게 조심!

8. 가위를 사용할 때 가위에 손이 다치지 않게 조심!

   (요리하기 전에는 손을 잘 씻기)

9. 신발 던지기를 할 때는 신발에 얼굴이 맞지 않게 사람 얼굴 쪽으로 던지지 않습니다.

10. 협동 훌라후프 게임을 할 때 훌라후프에 얼굴, 팔, 다리 등을 세게 박지 않게 조심해서 합니다.

12. 탁구공 게임을 할 때는 얼굴이 탁구공에 맞지 않게 조심합니다.

13. 피구를 할 때 얼굴이 피구 공에 세게 맞지 않도록 조심합니다.

14. 시소를 탈 때는 장난치지 않아요. 그리고 갑자기 내리지 않아요.

15. 미끄럼틀을 탈 때 아래에서 위로 올라오지 않아요. 그리고 차례대로 미끄럼틀을 타요.

7. 활동 시간표

10월 16일 저녁 활동내용	시 간
마량 출발시간	1:25
캠핑장 도착시간	2:00
쉬는 시간(짐 검사, 짐 풀기, 마니또)	2:00~2:10
텐트 치기	2:10~4:20
보물찾기 및 작은 운동회	4:20~5:50
저녁 준비 및 식사, 정리	5:50~8:40
캠프파이어(롤링페이퍼)	8:40~9:40
쉬는 시간(잠잘 준비, 샤워)	9:40~10:10
미니 골든벨	10:10~10:40
밤 산책	10:40~11:50
취침시간	11:55

10월 17일 아침 활동내용	시 간
기상시간	7:00
쉬는 시간 (아침 산책, 준비)	7:00~7:15
아침밥 준비	7:15~7:30
아침식사	7:30~7:50
아침밥 치우기	7:50~8:00
카라반 정리(짐 싸기)	8:00~9:55
자유시간	9:55~10:30
서로 얼굴 그려 주기	10:30~11:00
귀가	11:00~11:30

8. 식단표

1) 10월 16일 저녁 메뉴 : 고기(바비큐 파티), 볶음밥, 김치

볶음밥 만드는 방법

① 김치를 자른다.

② 프라이팬에 참기름을 두르고 밥을 넣어 김치와 볶는다.

③ 조리된 밥을 따로 빼둔다.

④ 다른 팬에 달걀프라이를 한다.

⑤ 플레이팅 하고 참기름을 두른다.

⑥ 맛있게 먹는다.

2) 10월 17일 아침 메뉴 : 토스트

토스트 만드는 방법

① 빵을 팬에 구어서 잼을 바른 뒤 먹는다.

② 빵을 달걀 물에 묻혀서 팬에 놓고 굽는다.

③ 잘 구운 뒤 맛있게 먹는다.

9. 우주 최강 7남매 스스로 자람, 더불어 자람

이름	스스로 자람	더불어 자람
김아윤	1. 이번엔 처음으로 캠핑을 가는데, 갔다 온 뒤에는 텐트 치는 방법을 알게 될 것이다. 2. 캠핑을 하면서 친구들과 많이 대화하면서 더 친해질 것이다. 3. 캠핑을 하면서 좋은 추억을 많이 쌓을 것이다.	1. 원래 친하긴 했지만 이 캠핑을 통해서 더 친해질 것이다. 2. 다 같이 요리를 하면서 요리를 못했던 사람도 요리를 잘하게 되고, 요리를 잘했던 사람도 요리를 더 잘하게 된다. 3. 다 같이 재미있는 추억을 쌓게 될 것이다.
안가은	1. 이번에 캠핑을 처음으로 가는데, 캠핑 때 텐트를 치는 법을 배우고 나중에 캠프를 갈 때 텐트를 더 잘 칠 수 있다. 2. 캠핑을 할 때 힘든 일이 있을 거지만 힘들어도 버텨 내면서 힘든 일을 극복할 수 있다. 3. 캠핑을 처음 하는 상황에서 적응을 할 수 있다.	1. 친구들과 함께 캠핑을 하면서 원래보다 더욱 친해질 수 있다. 2. 함께 힘들 때 도와주고 배려하면서 더욱 서로를 존중해 줄 수 있다. 3. 함께 거짓 없이 캠프를 진행하면서 서로를 믿을 수 있다.
김수진	1. 먼저 캠핑을 가도 부모님이 텐트를 치고 준비해 주셨기 때문에 이번 기회로 친구들과 같이 하는 경험을 할 것입니다. 2. 원래 제가 적응을 잘 못해서 낯선 환경에도 적응력을 키울 것입니다. 3. 저번에 갔을 때 힘들어서 그런지 등산을 다른 친구들보다 늦게 했습니다. 그래서 이번엔 더욱 체력을 기르고 싶습니다.	1. 친구들과의 우정을 돈독하게 쌓고 싶습니다. 2. 친구들과 같이 음식을 만들면서 협동심을 기를 것입니다. 3. 친구들과 같이 지내면서 신뢰를 쌓고 싶습니다.
김예솔	1. 나는 가족끼리 캠핑 갔을 때 텐트도 내가 조금 간단한 것만 도와주고 그랬는데 이번 프로젝트를 통해서 나도 텐트 치는 법을 완벽히 배워서 나중에 가족끼리 캠핑 갔을 때 많은 도움이 되어 주겠다. 2. 텐트를 칠 때는 짜증내지 않고 기쁜 마음으로 할 것이다. 3. 나는 밤에 혼자 다니는 걸 무서워하는데, 캠핑을 하면서 밤에 친구들과 좋은 추억을 많이많이 만들어서 밤을 조금이라도 무서워하지 않았으면 좋겠다.	1. 애들과 1박 2일 동안 소통을 하면서 서로를 더 알아 갔으면 좋겠다. 2. 힘들면 격려해 주고 어려운 게 있으면 도와주고 싶다. 3. 서로 의견을 쌓으며 너의 의견은 뭔지, 나의 의견은 뭔지 서로 알아 가겠다.

김 찬 범	1. 나 말고 다른 사람도 생각할 것입니다. 2. 결정해서 행동하겠습니다. 3. 다른 사람 말도 귀 기울여 듣겠습니다.	1. 혼자서 활동하면 어디 있는지 모르기 때문에 말을 하고 활동한다. 2. 자기의 의견만 생각하지 않는다. 3. 행동을 하기 전에 생각을 먼저 하고 활동을 하겠다.
황 다 온	1. 텐트를 치면서 끈기를 기를 것이다. 2. 잘못을 하더라도 끝까지 포기하지 않고 하겠다. 3. 친구들과 뜻깊은 추억을 쌓겠다.	1. 친구들과 같이 이것저것 활동하며 협동심을 기르겠다. 2. 친구들에게 존중하는 태도를 보이고 배려를 많이 하겠다. 3. 서로 타협 또는 상의를 해 의견을 맞추고, 서로 간에 다툼이 이루어지지 않게 할 것이다.
양 지 훈	1. 가족끼리 캠핑에 가면 차에서 자거나 텐트를 칠 때 아빠가 거의 다 했기 때문에 이번 프로젝트를 통해 저의 성과를 뽐내고 싶습니다. 2. 저는 텐트 안에서 혼자 자기 무서워서 가족끼리 잤는데, 그 무서운 것을 극복하겠습니다. 3. 핸드폰을 보거나 TV를 많이 봤는데, 이번 프로젝트를 통해 자연을 감상하고 자연과 좀 더 친하게 지내겠습니다.	1. 이번 프로젝트를 통해 애들과의 협동심을 키우면 좋겠습니다. 2. 누가 실수를 하더라도 상대방 탓을 하지 않고 주의만 하면 상대방은 더욱 열심히 해야 한다고 생각할 것입니다. 3. 가만히 있지 말고 싫으면 싫다고 하고 좋으면 좋다고 자기 의사표현을 확실하게 말했으면 좋겠습니다. 그래야 상대방의 마음을 알 수 있기 때문입니다.

10. 작은 운동회

1) 작은 운동회 방법

① 2팀을 나눠서 게임을 7판 한다.

② 더 많은 점수를 얻은 팀이 이긴다.

③ 진 팀은 벌칙으로 저녁밥 설거지를 한다.

2) 작은 운동회를 할 때 필요한 준비물(학교에서 빌릴 것)

① 훌라후프(2개) 　　 ② 공(피구 공, 탁구공)

③ 고깔 　　　　　　 ④ 배턴

⑤ 긴 줄넘기 　　　　 ⑥ 밧줄

⑦ 사다리

3) 작은 운동회 활동

① 협동 훌라후프 게임

② 탁구공 게임

③ 이어달리기

④ 신발 던지기

⑤ 몸으로 말해요.

⑥ 사다리 타기(물 풍선)

⑦ 줄다리기

4) 작은 운동회 팀

하늘팀	별팀
아윤	예솔
가은	수진
찬범	지훈
다온	

11. 물품 예산

활동내용	상품명	수량	단가	가격	구입처
캠핑장 대여	카라반	2	80,000	160,000	청자 오토캠핑장
	오토캠핑장	1	40,000	40,000	청자 오토캠핑장
활동비	맨투맨	8	18,900	151,200	네이버
	불꽃놀이	30	1,000	30,000	시온마트
보험	학생보험	8			

※ 오토캠핑장 연락처 : 010-2756-0082

12. 식단 예산

10월 16일 저녁				10월 17일 아침			
품목	수량	단가	금액	품목	수량	단가	금액
목살				딸기잼	1개	7,500	7,500
상추				계란	1개	5,000	5,000
마늘				식빵	1개	2,800	2,800
쌈장	2개	990	1,980	과일			
쌈무	1개	2,150	2,150	스낵묶음			
마시멜로	4개	990	3,960	커피	1개	3,800	3,800
쌀	5kg	19,800	19,800				
물	6개	3,200					
소시지	2	7,980	7,980				

・　・　・

　　학생들의 기획서는 첫 번째에 비교해서 많이 발전하였음을 알 수 있다. 바쁜 학교 일정 속에서도 끊임없이 서로 의견을 묻고, 준비를 하는 모습에서 조금 더 많은 시간을 할애할 수 있었다면 얼마나 좋을까 하는 아쉬움도 남는다.

　　작은 학교의 아이들에게 캠핑활동이 낯설지만, 캠핑을 전문으로 해주시는 분들의 도움을 받아 아이들에게 또 하나의 잊지 못할 추억을 만들어 주고 싶다.

　　나는 청소년 미래 도전 프로젝트 수업을 통해서, 교사와 학부모가 마음만 먹으면 초등학교 교육과정 중심의 프로젝트 수업뿐만 아니라 학교 밖 프로젝트 수업도 얼마든지 운영할 수 있다는 것을 또 한 번 느꼈다.

　　예전 주말 프로젝트 수업을 진행할 때보다 훨씬 편한 조건에서 수업을 진행할 수 있게 되었다. 학생을 모집하지 않아도 되고, 학부모님들이 수업료를 지불하지 않아도 된다.

　　나의 조금의 수고로움으로 우리 아이들을 얼마든지 행복하게 해줄 수 있으며, 아이들의 웃는 모습을 볼 수 있고, 아이들을 성장시킬 수 있다.

나는 이렇게 나의 교육의 발자취를 글로 남길 만큼 대단한 사람도 아니고, 뚜렷한 교육관을 갖고 한 길만 걸어온 교육자도 아니다.

전문적인 지식이 뛰어나지도 않다.

하지만 나에게는 아이들을 만날 때의 설레임이 있으며, 아이들과 수업할 때 세상에서 가장 행복한 마음이 있다.

나는 이런 아이들에게 웃음과 아이다움을 선물하고 싶다.

처음 공교육이라는 교실에 들어갔을 때, 학교에서의 시험과 학원을 오가며 허덕이는 아이들을 보며 참으로 마음 아팠던 기억이 있다. 내가 교사라면 그 아이들을 위해 내가 할 수 있는 일들이 무엇일까? 참으로 많은 시간을 고민했다.

그리고 내가 할 수 있는 여건 속에서 프로젝트 수업을 기획하고 실행하여 왔다.

첫 번째, 대안학교에서의 프로젝트 수업은 좀 더 전문적이고, 학생들이 도전해야 할 과제들이 엄청나다. 교과와 연계할 수도 있으며, 연계하지 않을 수도 있다. 장기적인 프로젝트를 실행할 수도 있으며, 단기적인 프로젝트를 실행할 수도 있다.

대안학교의 프로그램과 학교라는 울타리 안에서 좀 더 안정적으로 수업을 진행할 수 있다.

두 번째, 엄마 셋이 모여 만든 주말형, 방학형 프로젝트 수업은 누구나 할 수 있는 프로젝트 수업이다. 아이들을 위한 마음만 있다면 얼마든지 재미있게 기획할 수 있으며, 공간과 시간과 교육과정에 대한 제한이 없다.

세 번째, 교육청 연계 프로젝트 수업은 예산을 지원받아 프로젝트 수업을 진행할 수 있어서 교사가 원하는 프로젝트 수업을 마음껏 펼칠 수 있다. 제도적인 지원을 받음으로 인증이 되고, 학생 모집에 수월하며, 학교라는 기본 장소를 바탕으로 영역을 확장하여 나갈 수 있다.

다양한 교육 방법과 콘텐츠가 개발되고, 4차 산업혁명 시대, 인공지능, 원격수업 등 급변하는 시대에 교육은 변화되고 또한 도태되

> 배움이 없는 자유는
> 언제나 위험하며
> 자유가 없는 배움은
> 언제나 헛된 일입니다.
>
> – 존 F. 케네디

기도 할 것이다. 하지만 나는 앞으로도 프로젝트 수업의 기본 끈을 놓지 않고, 학생들이 자기 주도적으로 수업을 기획하고, 결과에 대한 책임을 갖고 실행할 수 있도록 수업을 진행할 것이다.

아이들이 행복해하며 웃을 수 있는 마음이 따뜻해지는 수업, 자기 주도적 생활이 이루어지는 수업을 진행하고 싶다.